国家出版基金项目
NATIONAL PUBLICATION FOUNDATION

"十二五"国家重点图书出版规划项目
长江黄金水道建设关键技术丛书

长江航道整治工程动态管理技术与应用

李国祥　胡义龙　周生利　编著

人民交通出版社股份有限公司
China Communications Press Co.,Ltd.

内 容 提 要

本书为《长江黄金水道建设关键技术丛书》之一，主要内容包括：管理学基本原理，工程管理，航道整治建设工程特点及管理现状，航道整治工程动态管理，长江航道整治工程动态管理案例分析。

本书可供从事港口与航道工程和水利工程的设计、施工、管理以及科研人员使用，也可供高等院校相关专业师生参考。

Abstract

As one of the *Key Technologies for Construction of the Yangtze Golden Waterway Book Series*, this book includes several parts: basic management principles, project management, characteristics and management status of channel regulation projects, dynamic management of channel regulation projects and the analysis of the dynamic management cases of the Yangtze River channel regulation project.

This book can serve as reference for not only those engaged in design, construction, management and research of port and waterway projects and water conservancy projects, but also teachers and students of related specialties in colleges and universities.

图书在版编目 (CIP) 数据

长江航道整治工程动态管理技术与应用 / 李国祥，胡义龙，周生利编著．—北京：人民交通出版社股份有限公司，2015.12

(长江黄金水道建设关键技术丛书)

ISBN 978-7-114-12616-1

Ⅰ.①长… Ⅱ.①李… ②胡… ③周… Ⅲ.①长江—航道整治—航道管理—研究 Ⅳ.①U617

中国版本图书馆 CIP 数据核字 (2015) 第 270779 号

长江黄金水道建设关键技术丛书

书　　名：长江航道整治工程动态管理技术与应用
著 作 者：李国祥　胡义龙　周生利
责任编辑：袁　方　智景安
出版发行：人民交通出版社股份有限公司
地　　址：（100011）北京市朝阳区安定门外外馆斜街 3 号
网　　址：http://www.ccpress.com.cn
销售电话：（010）59757973
总 经 销：人民交通出版社股份有限公司发行部
经　　销：各地新华书店
印　　刷：北京盛通印刷股份有限公司
开　　本：787 × 1092　1/16
印　　张：11.25
字　　数：198 千
版　　次：2015 年 12 月　第 1 版
印　　次：2015 年 12 月　第 1 次印刷
书　　号：ISBN 978-7-114-12616-1
定　　价：40.00 元

《长江黄金水道建设关键技术丛书》审定委员会

主　任　赵冲久

副主任　胡春宏

委　员（按姓氏笔画排列）

王义刚　王前进　王　晋　仉伯强　田俊峰　朱汝明

严新平　李悟洲　杨大鸣　张　鸿　周冠伦　费维军

姚育胜　袁其军　耿　红　蒋　千　窦希萍　裴建军

《长江黄金水道建设关键技术丛书》
主要编写单位

交通运输部长江航务管理局

交通运输部水运科学研究院

南京水利科学研究院

交通运输部长江口航道管理局

交通运输部天津水运工程科学研究院

中交第二航务工程勘察设计院有限公司

武汉理工大学

重庆交通大学

长江航道局

长江三峡通航管理局

长江航运信息中心

上海河口海岸科学研究中心

《长江黄金水道建设关键技术丛书》
编写协调组

组　长　杨大鸣（交通运输部长江航务管理局）

成　员　高惠君（交通运输部水运科学研究院）

裴建军（交通运输部长江航务管理局）

丁润铎（人民交通出版社股份有限公司）

序

（为《长江黄金水道建设关键技术丛书》而作）

河流，是人类文明之源；交通，推动了人类不同文明的碰撞与交融，是经济社会发展的重要基础。交通与河流密切联系、相伴而生。在古老广袤的中华大地上，长江作为我国第一大河流，与黄河共同孕育了灿烂的华夏文明。自古以来，长江就是我国主要的运输大动脉，素有“黄金水道”之称。水路运输在五大运输方式中，因成本低、能耗少、污染小而具有明显的优势。发展长江航运及内河运输符合我国建设资源节约型、环境友好型社会以及可持续发展战略的要求。目前，长江干线货运量约 20 亿 t，位居世界内河第一，分别为美国密西西比河和欧洲莱茵河的 4 倍和 10 倍。在全面深化改革的关键期，作为国家重大战略，我国提出“依托长江黄金水道，建设长江经济带”，长江黄金水道又将被赋予新的更高使命。长江经济带覆盖 11 个省（市），面积 205.1 万 km^2，约占国土面积的 21.4%。相信长江经济带的建设将为“黄金水道”带来新的发展机遇，进一步推动我国水运事业的快速发展，也将为中国经济的可持续发展提供重要的支撑。

经过 60 余年的努力奋斗，我国的内河航运不断发展，内河航道通航总里程达到 12.63 万 km，航道治理和基础设施建设不断加强，航道等级不断提高，在我国的经济社会发展中发挥了不可估量的作用。长江口深水航道工程的建成和应用，标志着我国水运科学技术水平跻身国际先进行列。目前正在开展的长江南京以下 12.5m 深水航道工程的建设，积累了更多的先进技术和经验。因此，建设长江黄金水道具有先进的技术积累和充足的实践经验。

《长江黄金水道建设关键技术丛书》围绕“增强长江运能”这一主题，从前期规划、通航标准、基础研究、航道治理、枢纽通航，到码头建设、船型标准、安全保障与应急监管、信息服务、生态航道等方面，对各项技术进行了系统的总结与著述，既有扎实的理论基础，又有具体工程应用案例，内容十分丰富。这套丛书是行业内集体智慧之力作，直接参与编写的研究人员近 200 位，所依托课题中的科研人员超过 1 000 位，参与人员之多，创我国水运行业图书之最。长江黄金水道的建设是世界级工程，丛书涉及的多项技术属世界首创，技术成果总体处于国际先进水平，其中部分成果处于国际领先水平。原创性、知识性和可读性强为本套丛书的突出特点。

该套丛书系统总结了长江黄金水道建设的关键技术和重要经验，相信该丛书的出版，必将促进水运科学领域的学术交流和技术传播，保障我国水路运输事业的快速发展，也可为世界水运工程提供可资借鉴的重要经验。因此，《长江黄金水道建设关键技术丛书》所总结的是我国现代水运工程关键技术中的重大成就，所体现的是世界当代水运工程建设的先进文明。

是为序。

南京水利科学研究院院长
中国工程院院士
英国皇家工程院外籍院士
张建云

2015年11月15日

前言

长江作为中国的第一大河，是连接我国东、中、西部的重要交通运输大通道。改革开放以来，特别是进入20世纪90年代以来，国家十分重视长江航运，尤其是作为长江航运基础的长江航道的建设，先后投入大量资金完成了对川江兰巴段、兰叙段，长江中下游界牌、张南、碾子湾、太子矶等重点浅险河段的治理，极大地改善了整治河段的船舶通航条件，降低了航行安全事故率，取得了较好的社会效益和经济效益。

2005年11月28日，交通运输部召集沿江七省二市举办了“合力建设长江黄金水道座谈会”，标志着长江黄金水道进入了加快发展的建设期，长江航道整治工程将进入全面系统建设阶段。根据《长江干线航道发展规划》，长江干线已有41处滩险河段列入了规划整治范围，目前长江干线中下游航道系统整治工程仍处于初级阶段，未来10余年，将是长江航道整治工程大规模实施的时期，建设管理任务将愈加繁重。

由于长江干线航道上、中、下游特点不同，其各河段流量、含沙量、水位变幅等水文特征不仅年内变化较大，而且年际间也是各不相同，同时突发因素造成其水文特征骤然发生大幅度的变化也时常发生。因此航道整治工程受水沙条件和河床演变影响极大，造成其工程建设项目从立项阶段到实施阶段，从设计工作思路到工程实施方式均有别于其他工程建设。由于设计条件多变、施工环境复杂、施工主要在枯水季进行等因素影响，因此具有年度施工期短，实施周期长，施工方案必须根据适时水沙条件和河床演变不断进行优化调整，设计方案在实施过程中变更量大和多等特点。如何科学地以动态的管理模式管理项目建设，确保整治效果，降低投资风险，是一个亟待解决的问题。

交通运输部对航道整治工程动态管理给予了高度的关注，一方面要求参加航道整治工程建设的单位和部门，采取有效的动态管理方式管理航道整治工程建设；一方面组织力量对航道整治工程的动态管理进行研究，以便能更好地指导航道整治工程建设管理。本研究是在交通运输部的关心与支持下，为适应长江干线航道整治工程建设管理需要，从理论和实践两方面对航道整治工程动态管理这种管理新模式进行研究的一种新尝试。希望通过对已建工程资料的分析，总结和归纳工程建设成功经验和教训，针对航道整治工程的特点，结合目前国内内河航道整治工程项目管理的成功经验，分析出动态管理各管理要素之间的内在关系，探索出既能遵循基本建设程序，又能更好地适应自然条件变化和工程客观条件变化的新管理模式和管理办法，以降低投资风险，提高投资效益，确保航道整治工程的顺利实施和整治效果。

参加本研究工作的既有长期从事航道工程设计的人员，又有施工经验丰富的工程技术人员，也有不同层面的管理人员，他们在广泛收集长江已建和在建航道整治工程案例的基础上，进行深入分析研究，同时对国内不同河流在航道整治工程中的动态管理情况进行了有针对性的调研，对航道整治工程项目从项目立项后直到竣工验收前，在各个阶段中进行动态管理所取得的成功经验和不足之处进行归纳提炼，继而从不同的角度对动态管理的内涵和管理模式进行了较全面和深入的研究，初步得到了有关动态管理的一般性认识和在航道整治工程中如何进行动态管理的一般方法。提出了航道整治工程实施阶段进行动态管理的必要性、实施动态管理的基本原则、动态管理的管理模式和动态管理的管理办法（建议稿）。这项研究成果，将为航道整治工程建设项目在实施阶段有关管理办法的制定提供一定的依据，并将对航道整治工程项目建设管理制度的进一步完善提供了科学、系统的参考。随着这项研究成果的应用与推广，也必将对内河航道建设管理的规范化、科学化起到积极的促进作用。

虽然动态管理在有些行业得到一定的应用，但在航道整治工程中进行系统研究和应用尚属首次，其中不免存在一些疏漏和不足之处，随着动态管理在航道整治工程中的广泛应用，这些疏漏和不足必将逐步显露，有待研究人员采取“动态”的方式，不断跟踪动态管理成果的运用，不断发现新问题，不断解决新问题，使研究成果不断完善，真正做到能全面有效地在航道整治工程建设和管理中不断发挥指导作用，为加快长江黄金水道的建设作出应有的贡献。

本书由李国祥、胡义龙、周生利编著，各章节编写人员为：前言由李国祥编写；第1章管理学基本原理由刘明俊、王洪峰编写；第2章工程管理由胡义龙、何传金、何乐编写；第3章航道整治建设工程特点及管理现状由李国祥、张晏方、黄召彪编写；第4章航道整治工程动态管理由周生利、谭伦武、谭昆编写；第5章长江航道整治工程动态管理案例分析由余帆、胡义龙、周克当编写。

在本书编著过程中得到长江口航道管理局以及长江南京以下12.5m深水航道工程指挥部的大力支持，在此一并予以衷心感谢！

同时，对在编著出版中做了大量幕后工作的吕永祥先生致以诚挚的谢意！

在本书编写过程中，限于编者水平，难免存在谬误，敬请读者批评指正。

作　者

2015年8月

目 录

学等学科发展的最新成果都在管理学研究中得到了运用。今天，这些与管理学密切相关的学科发展十分迅速。由此可以预测，未来的管理学在管理方法上将更多地借鉴这些学科发展的成果，表现出与这些学科发展更紧密结合的特征来。

第五，管理学研究将更加突出以人为本的特色。在知识经济时代，决定企业、国家前途和命运的将越来越取决于人才的数量和质量，因此研究如何充分地开发人的智力和体力，将成为管理学更为重要的任务。特别是将人作为一种知识的载体的研究将更为突出。

第六，理论与实践的结合更加紧密。管理学发展最强大的推动力是管理的实践。随着社会生产力的发展，社会组织结构的变化和管理活动的创新，将会为管理学的发展提供更多的研究对象和案例，也将会在此基础上形成新的管理学理论。另外，人们为了提高管理工作的效率，避免管理中的失误，将更多地把管理置于科学理论的指导之下。管理理论越来越多地被人们所重视，不仅仅是科学的研究会吸引更多的理论工作者的兴趣，而是管理工作者将更加重视管理理论的作用，更加自觉地在管理理论的指导下开展管理工作。由此不难推知，管理学与管理实践的结合将更加紧密。

1.2.2 管理学基本概念

管理是指在特定的环境下，管理者通过执行计划、组织、领导、控制等职能，整合组织的各项资源，实现组织既定目标的活动过程。它有以下三层含义：

（1）管理是一种有意识，有目的的活动，它服务并服从于组织目标。

（2）管理是一个连续进行的活动过程，实现组织目标的过程，就是管理者执行计划、组织、领导、控制等职能的过程。由于这一系列职能之间是相互关联的，从而使得管理过程体现为一个连续进行的活动过程。

（3）管理活动是在一定的环境中进行的，在开放的条件下，任何组织都处于千变万化的环境之中，复杂的环境成为决定组织生存与发展的重要因素。

1.3 管理学基本内容与研究方法

1.3.1 管理学基本内容

从管理的二重性出发，着重从以下三个方面研究管理学：

（1）从生产力方面：研究如何合理配置组织中的人、财、物，使各要素充分发挥作用的问题；研究如何根据组织目标的要求和社会的需要，合理地使用各种资源，以求得最佳的经济效益和社会效益的问题。

（2）从生产关系方面：研究如何正确处理组织中人与人之间的相互关系问题；研究如何建立和完善组织机构以及各种管理体制等问题；研究如何激励组织内成员，从而最大限度地调动各方面的积极性和创造性，为实现组织目标而服务。

（3）从上层建筑方面：研究如何使组织内部环境与其外部环境相适应的问题；研究如何使组织的规章制度与社会的政治、经济、法律、道德等上层建筑保持一致的问题，从而维持正常的生产关系，促进生产力的发展。

1.3.2 管理学基本研究方法

（1）职能主义范式

注重研究客观事实和社会产物，将客观存在的社会现象作为研究起点，重视对社会规律进行科学概括，试图寻求社会现象间的相关关系或因果关系；以承认存在着一个拥有特定价值观、信仰、规范和角色的外部世界为前提，集中研究现实内容本身或实质；比较注重用客观性的表达代替引索性的表达，力求补足和解释特定引索性表达的意义，以使其结果普遍化；关注被研究对象的一般性、普遍性或规律性。

（2）诠释型范式

运用直觉判断和个人洞察力获取知识，它着重个人的主观感受，认为社会现象实际上为个人主观经验。因此，以个人的感官和良知来研究事物，着重社会所创造出来的实体，探讨个人的主观经历、表现出来的意义和语言解释等。这种观点所分析的对象为组织内的记号和现象，并认为不需要寻找实际存在的客观组织法则，描述范式起着某种表达或表现作用。所以，这种角度会着重探讨个人的内心世界、认知方法，以及大家所构建的实体。

（3）人本主义范式

指承认人的价值和尊严，把人看作是衡量一切的尺度，或以人性、人的有限性和人的利益为主题的任何管理学范式。人本主义范式强调，人的潜能是管理所能开发的最重要的资源或资本。管理就等于人，人能够开发自身。

（4）结构主义范式

也称为规范范式，它强调以客观性、规范性和概括性为特征的获取新知识的方法。规范范式的研究目标是回答“应该怎样”或“应然”问题，力求构建一种规范的理论体系和概念架构。

1.3.3 管理学基本理论模型

（1）五力模型

波特五力模型将大量不同的因素汇集在一个简便的模型中，以此分析一个行业的基本竞争态势。五种力量模型确定了竞争的五种主要来源，即供应商和购买者的讨价还价能力，潜在进入者的威胁，替代品的威胁，以及最后一点，来自在同一行业的公司间的竞争。

竞争战略从一定意义上讲是源于企业对决定产业吸引力的竞争规律的深刻理解。任何产业，无论是国内的或国际的，无论生产产品的或提供服务的，竞争规律都将体现在这五种竞争的作用力上。因此，波特五力模型是企业制定竞争战略时经常利用的战略分析工具。

（2）双因素理论

双因素理论认为引起人们工作动机的因素主要有两个：一是保健因素，二是激励因素。所谓保健因素，就是那些造成职工不满的因素，它们的改善能够解除职工的不满，但不能使职工感到满意并激发起职工的积极性。它们主要有企业的政策、行政管理、工资发放、劳动保护、工作监督以及各种人事关系处理等。由于它们只带有预防性，只起维持工作现状的作用，也被称为“维持因素”。所谓激励因素，就是那些使职工感到满意的因素，唯有它们的改善才能让职工感到满意，给职工以较高的激励，调动积极性，提高劳动生产效率。它们主要有工作表现机会，工作本身的乐趣，工作上的成就感，对未来发展的期望，职务上的责任感等。

双因素理论是针对满足的目标而言的。保健因素是满足人的对外部条件的要求；激励因素是满足人们对工作本身的要求。前者为间接满足，可以使人受到外在激励；后者为直接满足，可以使人受到内在激励。因此，双因素理论认为，要调动人的积极性，就要在“满足”二字上下功夫。

（3）期望理论

期望理论又称作“效价—手段—期望理论”，是管理心理学与行为科学的一种理论。这个理论可以用公式表示为：激动力量 = 期望值 × 效价。它是由北美著名心理学家和行为科学家维克托 · 弗鲁姆于 1964 年在《工作与激励》中提出来的激励理论。期望理论是以三个因素反映需要与目标之间的关系的，要激励员工，就必须让员工明确：

①工作能提供给他们真正需要的东西；

②他们欲求的东西是和绩效联系在一起的；

③只要努力工作就能提高他们的绩效。

在这个公式中，激动力量指调动个人积极性，激发人内部潜力的强度；期望值是根据个人的经验判断达到目标的把握程度；效价则是所能达到的目标对满足个人需要的价值。这个理论的公式说明：人的积极性被调动的大小取决于期望值与效价的乘积。也就是说，一个人对目标的把握越大，估计达到目标的概率越高，激发起的动力越强烈，积极性也就越大，在领导与管理工作中，运用期望理论于调动下属的积极性有一定意义。

(4) SWOT 分析法

SWOT 分析法又称为态势分析法或优劣势分析法，用来确定企业自身的竞争优势（Strength）、竞争劣势（Weakness）、机会（Opportunity）和威胁（Threat），从而将公司的战略与公司内部资源、外部环境有机地结合起来。即基于内外部竞争环境和竞争条件下的态势分析，就是将与研究对象密切相关的各种主要内部优势、劣势和外部的机会和威胁等，通过调查列举出来，并依照矩阵形式排列，然后用系统分析的思想，把各种因素相互匹配起来加以分析，从中得出一系列相应的结论，而结论通常带有一定的决策性。

运用这种方法，可以对研究对象所处的情境进行全面、系统、准确的研究，从而根据研究结果制定相应的发展战略、计划以及对策等。

1.4 管理学的特点与基本职能

1.4.1 管理学的特点

(1) 一般性

管理学是从一般原理、一般情况的角度对管理活动和管理规律进行研究，不涉及管理分支学科的业务和方法的研究；管理学是研究所有管理活动中的共性原理的基础理论科学，无论是“宏观原理”还是“微观原理”，都需要管理学的原理作基础来加以学习和研究，管理学是各门具体的或专门的管理学科的共同基础。

(2) 综合性

从管理内容上看，管理学涉及的领域十分广阔，它需要从不同类型的管理实践中抽象概括出具有普遍意义的管理思想、管理原理和管理方法，从影响管理活动的各种因素上看，除了生产力、生产关系、上层建筑这些基本因素外，还有自然因素、社会因素等，从管理学科与其他学科的相关性上看，它与经济学、社会学、心理学、数学、计算机科学等都有密切关系，是一门非常综合的学科。

(3) 实践性

管理学所提供的理论与方法都是实践经验的总结与提炼，同时管理的理论与方法又必须为实践服务，才能显示出管理理论与方法的强大生命力。

(4) 社会性

构成管理过程主要因素的管理主体与管理客体，都是社会最有生命力的人，这就决定了管理的社会性；同时管理在很大程度上带有生产关系的特征，因此没有超阶级的管理学，这也体现了管理的社会性。

（5）历史性

管理学是对前人的管理实践、管理思想和管理理论的总结、扬弃和发展，割断历史，不了解前人对管理经验的理论总结和管理历史，就难以很好地理解、把握和运用管理学。

1.4.2 管理学基本职能

（1）计划

计划工作表现为确立目标和明确达到目标的必要步骤的过程，包括估量机会、建立目标、制定实现目标的战略方案、形成协调各种资源和活动的具体行动方案等。简单地说计划工作就是要解决两个基本问题：第一是干什么，第二是怎么干。组织等其他一切工作都要围绕着计划所确定的目标和方案展开，所以说计划是管理的首要职能。

（2）组织

组织工作是为了有效地实现计划所确定的目标而在组织中进行部门划分、权利分配和工作协调的过程。它是计划工作的自然延伸，包括组织结构的设计、组织关系的确立、人员的配置以及组织的变革等。

（3）领导

领导工作就是管理者利用职权和威信施展影响，指导和激励各类人员努力去实现目标的过程。当管理者激励他的下属、指导下属的行动、选择最有效的沟通途径或解决组织成员间的纷争时，他就是在从事领导工作。领导职能有两个要点：一是努力搞好组织的工作；二是努力满足组织成员的个人需要。领导工作的核心和难点是调动组织成员的积极性，它需要领导者运用科学的激励理论和合适的领导方式。

（4）控制

控制工作包括确立控制目标、衡量实际业绩、进行差异分析、采取纠偏措施等。它也是管理活动中的一个不可忽视的职能。上述四大职能是相互联系、相互制约的，其中计划是管理的首要职能，是组织、领导和控制职能的依据；组织、领导和控制职能是有效管理的重要环节和必要手段，是计划及其目标得以实现的保障，只有统一协调这四个方面，使之形成前后关联、连续一致的管理活动整体过程，才能保证管理工作的顺利进行和组织目标的完满实现。

2 工 程 管 理

2.1　工程管理基本概念与发展趋势

2.1.1　工程管理基本概念

目前，国内外对工程管理有多种不同的解释和界定，主要有：

“Engineering Management”，这是一种广义的工程管理，它的管理对象是广义的“工程”。

中国工程院咨询项目《我国工程管理科学发展现状研究》报告中对工程管理也作了界定：工程管理是指为实现预期目标，有效地利用资源，对工程所进行的决策、计划、组织、指挥、协调与控制。

广义的工程管理既包括对重大建设工程实施（包括工程规划与论证、决策、工程勘察与设计、工程施工与运营）的管理，也包括对重要复杂的新产品、设备、装备在开发、制造、生产过程中的管理，还包括技术创新、技术改造、转型、转轨的管理，产业、工程和科技的发展布局与战略的研究与管理等。

（1）工程管理可以从许多角度进行描述，主要有：

①工程管理的目标是取得工程的成功，使工程达到成功工程的各项要求。对一个具体的工程，这些要求就转化为工程的目标。所以工程管理的目标很多。

②工程管理是对工程全生命期的管理，包括对工程的前期决策的管理、设计和计划的管理、施工的管理、运营维护管理等。

③工程管理是涉及工程各方面的管理工作，包括技术、质量、安全和环境、造价（费用、成本、投资）、进度、资源和采购、现场、组织、法律和合同、信息等。这些构成了工程管理的主要内容。

④将管理学中对“管理”的定义进行拓展，则“工程管理”就是以工程为对象的管理，即通过计划、组织、人事、领导和控制等职能，设计和保持一种良好的环境，使工程参加者在工程组织中高效率地完成既定的工程任务。

⑤按照一般管理工作的过程，工程管理可分为在工程中的预测、决策、计划、控制、反馈等工作。

⑥工程管理就是以工程为对象的系统管理方法，通过一个临时性的、专门的柔性组织，对工程建设和运营过程进行高效率的计划、组织、指导和控制，以对工程进行全过程的动态管理，实现工程的目标。

⑦按照系统工程方法，工程管理可分为确定工程目标、制订工程方案、实施工程方案、跟踪检查等工作。

（2）工程作为工程管理的对象，有它的特殊性。工程的特殊性带来工程管理的特殊性。

①工程管理需要对整个工程的建设和运营过程中的规划、勘察、设计，各专业工程的施工和供应进行决策、计划、控制和协调。工程管理本身有鲜明的专业特点，有很强的技术性。不懂工程，没有工程相关专业知识的人是很难做好工程管理工作的。

②工程管理是综合性管理工作。其体现在：

人们对工程的要求是多方面的，综合性的，工程管理是多目标约束条件下的管理问题：

A．它要协调各个工程专业工作，管理各个工程专业之间的界面，所以它与工程各个专业都相关。

B．由于工程的任务是由许多不同企业（如设计单位、施工单位、供应单位）的人员完成的，所以对一个工程的管理会涉及许多企业。

C．在工程计划和控制过程中，工程管理要综合考虑技术问题、经济问题、工期问题、合同问题、质量问题、安全和环境问题、资源问题等。

这些就决定了工程管理工作的复杂性远远高于一般的生产管理和企业管理。工程管理者需要掌握多学科的知识才能胜任工作。

③工程管理是实务型的管理工作。这体现在许多方面：

A．不仅要设立目标，编制计划，还要执行计划，实施过程的控制，甚至要“旁站”监理。

B．由于一个工程的建设和运营是围绕着工程现场进行的，所以工程管理的落脚点是工程现场。无论是业主、承包商、设计单位人员，如果不重视工程现场工作，不重视现场管理，是无法圆满完成工程任务的。对工程现场不理解，没有现场管理经验的人是很难胜任工程管理工作的。

C．工程管理与技术工作和纯管理工作都不同。它既有技术性，需要严谨的作风和思维；又是一种具有高度系统性、综合性、复杂性的管理工作，需要有沟通和协调的艺术，需要知识、经验、社会交往能力和悟性。

D. 工程的实施和运营过程是不均衡的，工程的生命期各阶段有不同的工作任务和管理目标。

E. 由于每个工程都是一次性的，所以工程管理工作是常新的工作，富有挑战性，需要创新，需要高度的艺术性。

F. 工程管理工作对保证工程的成功有决定性作用。它与各个工程专业一样，对社会贡献大，是非常有价值和有意义的工作。

2.1.2 工程管理发展趋势

从人类开始有组织的活动，就一直进行各种规模的工程或执行各种类型的“项目”。例如，中国的长城、埃及的金字塔和古罗马的尼姆水道等，都是人类历史上运作大型复杂工程项目的典范。在日常生活中，人们常被各类工程或项目所包围，诸如举办运动会、开发新产品、研制新设备、修筑铁路以及建设大型水利枢纽等。以往，人们很少有意识地控制和管理这些工程或项目。随着现代工程规模越来越大，投资额越来越高，涉及的专业领域越来越多，工程项目内部关系越来越复杂，传统的管理模式已不能满足良好地运作一个项目的需要，于是形成了应用于工程或工程项目的管理模式，并逐步发展成为主要的管理手段之一。

项目和项目管理的发展是工程和工程管理实践的结果。工程项目历史悠久，相应的工程项目管理和工程实施管理工作也源远流长。工程管理从经验走向科学的过程，经过了漫长的历程，它大致上分为四个阶段。即潜意识管理阶段、传统管理阶段、现代化管理创建阶段和现代化管理发展阶段。

2.1.2.1 潜意识管理阶段

这一阶段从远古到 20 世纪 30 年代以前。有工程或工程项目，就有工程实施和工程项目管理。人类开始工程实施和工程项目管理的实践，可追溯到几千年前中国的都江堰和万里长城、古埃及的金字塔和古罗马的尼姆水道。在该阶段，人们是无意识地按工程或工程项目的形式运作。即工程实施和工程项目的管理没有形成行之有效的计划和方法，没有科学的管理手段和体系，没有明确的操作技术标准；对工程实施和工程项目的管理还只是凭个别人的经验、智慧和直觉，根本谈不上科学性。

2.1.2.2 传统管理阶段

这一阶段从 20 世纪 30 年代初到 20 世纪 50 年代初期。一般认为，传统的工程实施和工程项目管理的概念主要源自建筑行业。本阶段中，管理的特征是用横道图进行项目的规划和控制。

横道图又称为条线图，由 Henry L.Gantt 于 1900 年前后发明，故又称为甘特图。到第二次世界大战前夕，横道图已成为计划和控制军事工程与建筑工程项目的重要工具。甘特图直观而有效，便于监督和控制项目的进展情况，故时至今日仍是工程管理尤其是建筑工程项目管理的常用方法。然而，由于横道图难以展示工作环节间的逻辑关系，不适宜用于大型项目。因此，在此基础上，Karol Adamiecki 于 1931 年研制出协调图以克服上述缺陷，但没得到足够的重视和认同。与此同时，在较大的工程项目和军事项目中广泛采用了里程碑系统。尽管里程碑系统未能从根本上解决复杂项目的计划和控制问题，但却引发出现代化管理阶段中广泛应用的网络计划的概念。

应当指出的是，在这一阶段及其之前，虽然人们对如何管理工程实施和工程项目进行了广泛的研究和实践，但还没有提出明确的项目管理的概念。项目管理的概念是在第二次世界大战后期，在实施曼哈顿项目时提出的。

2.1.2.3 现代化管理创建阶段

这一阶段从 20 世纪 50 年代初期到 20 世纪 70 年代末期。本阶段管理的重要特征是开发和推广应用网络计划技术。

网络计划技术的形成是基于关键路线法和计划评审技术的产生和推广应用。关键路线法（Critual Path Method，简称 CPM）始创于 1956 年，次年便应用于杜邦公司的一个投资千万美元的化工项目，结果大大缩短了建设周期，节约了 10% 左右的投资，取得了显著的经济效益。该方法由 Kelly 和 Walker 于 1959 年公之于世。而计划评审技术（Program Evaluation & Review Techniques，简称 PERT）则是美国海军于 1958 年研制“北极星”（Polaris）号潜水舰艇用远程导弹（F.B.M）时，由 Willard Fazar 在洛克希德公司和空间部（Lockheed Missileand Space Division）以及 Booze、Allen 和 Hamilton 的协助下开发而成的。PERT 的应用，使该项目的组织、协调（涉及 48 个州 200 多个主要承包商和 11 000 多个企业）问题得以顺利解决，缩短工期近 25%，获得可观的经济效益。自此，美国国防部和航天局全面推广了该技术，美国政府也明确规定所有承包商必须提交一份详细的 PERT 网络计划，方可申请政府的工程项目，以保证工程的进度和质量。所以，该技术很快地在世界范围内推广应用。20 世纪 60 年代，著名的“阿波罗”载人登月计划（耗资 400 亿美元，涉及两万多个企业），也是采用 PERT 进行策划和管理的。我国和日本于 20 世纪 60 年代初引进和推广了网络计划技术。华罗庚教授结合“统筹兼顾，全面安排”的指导思想，在此基础上提出了“统筹法”，并深入重点工程进行推广应用，取得了良好的经济效益。苏联在 1970—1975 年的第九个五年计划期间，在建筑行业推行了这一技术。英国、法国和加拿大等发达国家应用网络计划技术也卓有成效。实践证明，应用网络计划技术，可节约投资 10% ~ 15%，缩短工期 15% ~ 20%，而编制网络计划所需的费用仅为总费用的 0.1%。

PERT 考虑项目各工作环节在完成时间上的不确定性，而在实际中却必须明确考虑其他不确定因素，如网络中是否每个活动都要完成，是否应有回路等。鉴于此，Priskre 等于 1966 年提出了图示评审技术（Graphical Evaluation & Review Techniques，简称 GERT）。综合应用了流线图理论和随机函数，求得随机问题的解，在扩展网络模型和增加随机适应性方面取得了重大的突破。但是，GERT 把费用看成是从属于时间的变量，未能对预算费用进行必要的控制，也没有确定预算费用对时间的影响。为此，美国陆军于 1970 年研制出名为 MATHNET 的计算机程序模拟技术，其后又陆续开发出若干改进的计算机程序网络技术，如风险信息系统费用分析（Risk Information System Cost Analysis，简称 RISCA），以及 STATNET 与 SOLVNRT 等。Moeller 在 MATHNET 和 STATNET 的基础上，于 1972 年开发出风险评审技术（Venture Evaluation & Review Techniques，简称 VERT）。此法在网络的节点逻辑和数学关系式的处理上有较强的适应性，能统筹考虑“时间、费用、性能”问题，并给予三者以同等的处理层次。

网络方法的出现，给管理科学的发展注入了活力。自此，工程及工程项目的管理有了科学的系统方法。然而，在该阶段中，主要应用在国防和建筑业，项目管理的任务主要是强调项目的执行。

2.1.2.4 现代化管理发展阶段

这一阶段从 20 世纪 70 年代末期到现在。这一阶段的特点表现为网络计划技术进一步完善和发展，项目管理范围的扩大，以及与其他学科的交叉渗透和互相促进。

1979 年，Moeller 依据 VERT 和 TRACENET 完成了 VERT−2。在此基础上，Moeller 和 Digmana 又于 1981 年研制成一种全新的网络计划技术 VERT−3。该技术不仅能分析完成计划的进度，显示各项成果的范围、性能和费用水平，还能突出显示关键最优路线，提供成功的可能性和风险度，因而在处理风险决策问题上有着较高的价值。

工程管理科学的发展是人类生产实践活动的必然产物。进入 20 世纪 80 年代以来，随着工程管理科学的发展，项目管理的应用范围已由最初的航空、航天、国防、化工、建筑等部门，广泛普及到了医药、矿山、石油等领域。计算机技术、控制论、系统论、管理学、组织理论、经济学、价值工程、心理学和行为科学等在工程管理中的应用，推动了该学科的发展。

2.2 工程管理基本内容与研究方法

2.2.1 工程项目管理的内容与方法

2.2.1.1 工程项目管理的内容

工程项目管理的目的是在有限条件下完成预定的技术、经济和时间的项目目标。任务是创造和保持使项目顺利完成的环境和条件；核心是项目立项以及实施的科学、正确的决策。

工程项目管理是一个复杂的立体结构，可概括为纵向 3 个层次、内外 2 个要素、横向 12 个领域。

（1）纵向 3 个层次：从总体角度划分有宏观管理、中观管理和微观管理。

（2）内外 2 个要素：项目管理的环境和项目管理的过程。

（3）横向 12 个领域：界定（立项、范围）管理、过程（进度、时间）管理、技术管理、经济（财务、费用）管理、质量管理、组织管理、物流（资源）管理、通信（信息）管理、风险管理、环境管理、合同（采购）管理和工程质量全寿命周期管理。

2.2.1.2 工程项目管理的方法

工程项目管理（在此仅以实施阶段为例）只要求在约束条件下实现项目的目标，其实现的方法具有灵活性。承包工程时，根据投标的估价经常在开工前就决定了价格，从而估价负责人需要有充分的知识和经验。在估价时，应充分研究和讨论设计图纸、说明书、设计明细表以及现场说明事项等，同时必须到现场对施工进行调查，预测在施工中可能发生的各种问题，现实地进行合理估价，并且必须包括为施工所付出的努力以及与承担风险相适应的合理利润。

首先，进行估价时，在时间允许的条件下，应编制简单的施工计划。原则上，施工计划应是估价的基础，施工计划是否全面也就决定了估价是否合适。

其次，工程中标以后，一般在开工前以投标的估价为基础编制施工预算。施工预算所估计的成本是工程经营活动的目标，并且它是衡量实际成本的尺度。在施工中每项工程的实际成本与施工预算的估计成本相比较，分析并研究其差异，进行成本管理，以谋求按计划完成施工。

此外，接受施工任务后，在实际施工前准备劳动力、材料、机械以及向外二包等都是很重要的业务。在施工前期阶段，这些准备工作和向外发包能否根据施工预算顺利进行，已成为决定经济核算的一项重要因素。

决定开工后，就不应停留在估价时的简化施工计划上，而必须在现场再次调查的基础上，绘制出详细的施工计划。如果想要根据建（构）筑物的设计图纸和说明书，在合同工期内以承包的资金获得正当的利润，就应当充分讨论施工方法和顺序，编制施工计划。在编制施工计划时，必须和发包单位的监督人员进行充分协商。不与发包人取得密切联系，或施工计划不甚完善而不适应现实情况，在施工时将发生混乱，结果就难以成为高效和经济的管理工程。根据施工计划，确定工程用的设施，向外二包，直接雇用劳动力，并且配合工程安排准备材料、机械设备和资金等施工上的各种必要条件。然后根据工程计划，按照设计图纸和说明书，发布指示和监督施工。

综上所述，施工管理的目的是提高工程质量、确保工期和经济性。其中心问题是施工过程中的工程管理。每项工程都涉及施工质量，都存在工程成本问题，只要确保从开工到竣工的一系列施工工程时间在工期上是能够遵守的。假如施工计划和工程管理搞得很差，进行突击作业施工，将招致工程质量降低和提高工程成本。可以看出，工程的合理计划和恰当的管理是施工管理的综合手段。

由此可见，工程预算估计是否恰当，是所承包工程能否成功的第一个关键；根据施工预算和工程计划，在施工中使用的材料、机械和劳动力以及发包给二包单位是否合适则是第二个关键；通过施工过程，在施工管理上综合地发挥合理化施工效果，可以说是施工走向成功的第三个关键。由于施工计划是作为估价和编制工程计划的基础，因此可以说，正确合理的施工计划是工程成功的关键。总之，以正确合理的施工计划作为基础，在施工过程中和在适当时机进行适当管理，排除施工活动中的蛮干、浪费和不均衡现象，将能引导工程走向成功。

2.2.2 工程实施管理的内容和方法

2.2.2.1 工程实施管理的内容

工程实施管理的内容主要分为施工管理组织、进度管理、质量管理、成本管理、安全管理和现场及环境管理等方面。

2.2.2.2 工程实施管理的方法

(1) 施工管理组织

一般说来，影响工程进度和质量的因素多而且复杂。所以，工程主管为了有效地完成工程上的各项工作和任务，特别需要强而有力的管理组织和管理人才。换言之，组织是管理所赖以实现的基础。对于工程管理组织而言，其三项基本因素是分工、权限和建立组织内外的各种关系。

理论上施工管理组织大致分为六种：直线式项目施工管理组织，直线职能式项目施工管理项目组织，工作队（混合）式项目施工管理组织，部门控制式项目施工管理组织，矩阵式项目施工管理组织，事业部式项目施工管理组织。

在现代经营管理上，为了获得成功，不管哪一种组织形式，都应使具有不同技能的人才在同一目标下有效地进行协作的能力。不同的人员分工、人员权限授予和组织内外的各种关系的建立使得这六种施工管理组织各有其优缺点和适用范围，在实际的施工管理过程中可根据工程项目和参与工程项目各个单位的自身特点选择适合的工程项目施工管理组织。

①直线式项目施工管理组织。直线式项目施工管理组织结构如图 2–1 所示。其特点是：项目经理直接进行直线垂直领导，命令源唯一、责任明确、接受任务快；但由于设计、施工、安装、预算、供应等都只受项目经理的直线垂直领导，造成彼此之间的横向联系困难。同时，由项目经理垂直领导设计、施工、安装、预算、供应等部门，造成了专业分工差的问题。介于其具有鲜明的优、缺点，直线式项目施工管理适合在规模小，技术简单单一的工程项目中应用。

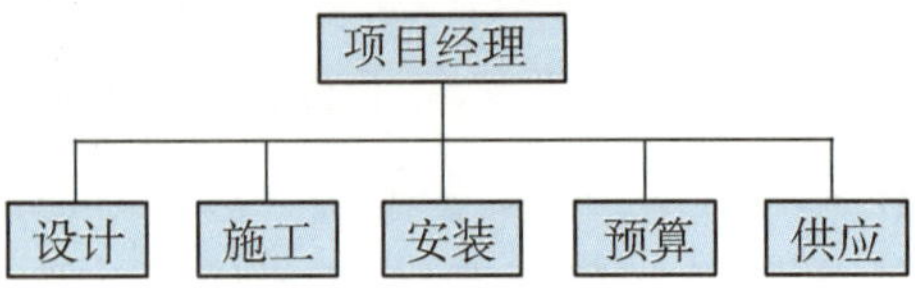

图 2–1 直线式项目施工管理组织结构图

②直线职能式项目施工管理项目组织。直线职能式项目施工管理项目组织结构如图 2–2 所示。其特点是：设立职能机构，但职能机构无指挥权，直线职能式项目施工管理的现场组织形式有利于实现专业化管理和统一的指挥，有利于集中各方面专业管理力量，积累经验，强化管理；但是职能部门之间横向联系差，信息传递缓慢，不容易进行适应环境变化的调整。介于其具有鲜明的优、缺点，直线职能式项目施工管理项目组织适合在综合性的施工任务中应用。

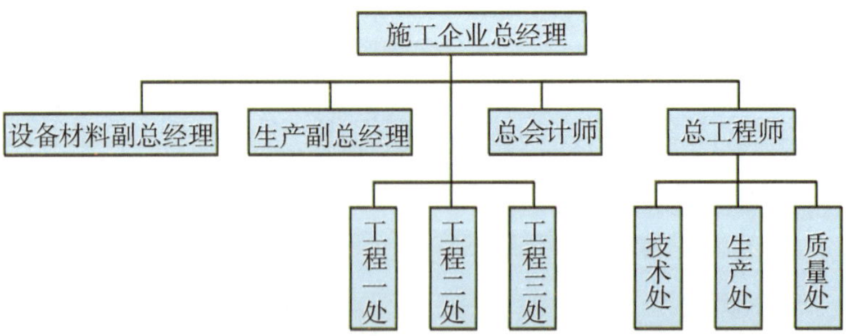

图 2–2 直线职能式项目施工管理项目组织结构

③工作队（混合）式项目施工管理组织。工作队（混合）式项目施工管理组织结构如图 2–3 所示。其特点是：人员为职能专家，在项目管理中配合协同工作，取长补短，有利于培养一专多能的人才；各专业人才集中在现场办公，办事效率高，

解决问题迅速；项目经理权力集中，决策及时，指挥灵便；减少了行政干预，易于协调关系；不打乱企业的原建制；但是由于人员来自不同的部门，配合需一定磨合期；同一时期所担负的任务可能有很大差别，忙闲不均，导致人员浪费，特别是稀缺人才难以在企业内调剂；职能部门优势无法发挥，同一专业交流困难；长期离开原单位，影响人员积极性。介于其具有鲜明的优、缺点，工作队（混合）式项目施工管理组织适合在大型项目，尤其是工期紧迫，需要多工种、多部门密切配合的项目中应用。

④部门控制式项目施工管理组织。部门控制式项目施工管理组织结构如图 2–4 所示。其特点是：能够按职能原则建立项目机构，不打乱企业先行建制，能够充分发挥人才作用，快速接受任务；各个职能部门职能明确，关系简单，各部门间沟通、协调方便；项目经理无须专门培训便能进入项目管理状态；但由于组织人员是固定的，这不利于人力资源机构的精简，给人力资源管理部门和项目人事支出增加负担；局限性大，不能适应大型项目管理需要。介于其具有鲜明的优、缺点，部门控制式项目施工管理组织适合在小型项目，尤其是专业性强，不涉及众多部门的项目中应用。

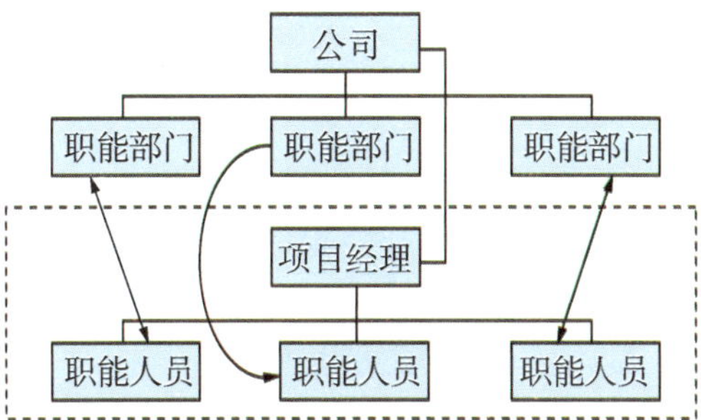

图 2–3　工作队（混合）式项目施工管理组织结构

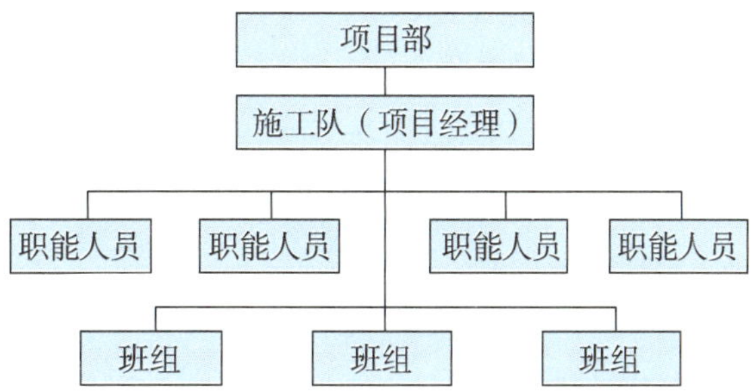

图 2–4　部门控制式项目施工管理组织结构

⑤矩阵式项目施工管理组织。矩阵式项目施工管理组织结构如图 2–5 所示。其特点是：“双重机构，双重领导”，这样便于解决传统模式中企业组织和项目组织相矛盾的状况，实现企业长期例行性管理和项目一次性管理的一致；能以尽可能少的人力，实现多个项目管理的高效率；有利于人才的全面培养；使项目组织具有弹性和应变能力；但双重领导容易造成矛盾；若组织成员过于受控于职能部门，会使凝聚在项目上的力量减弱；在项目施工高峰期，一些服务于多个项目的人员可能顾此失彼；组织内部复杂，容易造成信息量膨胀。鉴于其具有鲜明的优、缺点，矩阵式项目施工管理适合同时承担多个工程项目管理的企业，适合在大型项目、复杂的施工项目中应用。

⑥事业部式项目施工管理组织。事业部式项目施工管理组织结构如图 2–6 所示。其特点是：“集中决策，分散经营”，这样有利于延伸工程项目承包单位的经

营职能，扩大工程项目承包单位的经营业务，便于开拓工程项目承包单位的业务领域；有利于迅速适应环境变化以加强工程项目施工管理；但组织结构的凝聚力主要依靠企业对项目部约束力，如果企业对项目部约束力的减弱，有时会造成项目施工管理组织结构松散；项目部的独立性过强，使得工程项目施工管理的综合协调难度增大。介于事业部式项目施工管理具有鲜明的优、缺点，事业部式项目施工管理适合大型经营性企业的工程承包。

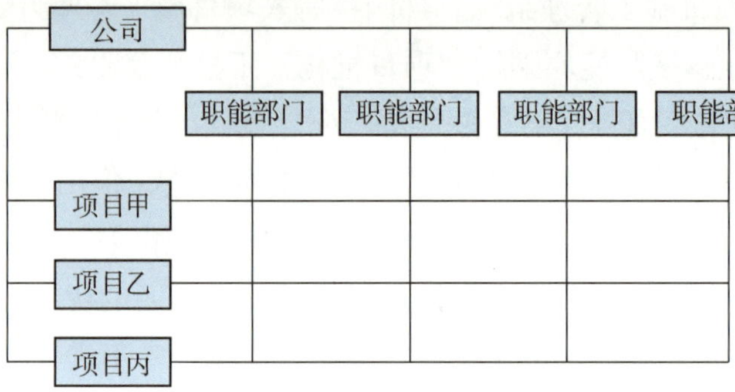

图 2–5 矩阵式项目施工管理组织结构

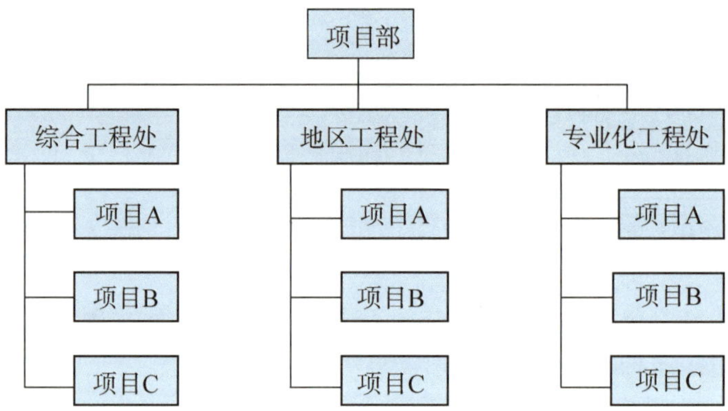

图 2–6 事业部式项目施工管理组织结构

常见的项目施工管理组织结构如图 2–7 所示。项目施工管理组织三项基本因素是分工、权限和建立组织内外的各种关系。项目经理下设安全负责人、技术负责人、施工进度负责人、机构管理负责人、消防管理负责人、劳务管理负责人等相关职能部门或责任人，采取责任制的管理，将任务和责任明确到个人，决策集中，能充分发挥各自的才能，能以尽可能少的人力，实现项目管理的高效率，有利于人才的全面培养，使得项目组织具有弹性和应变能力，项目经理权力集中，决策及时，指挥灵便；减少了行政干预，任务和要求逐级下达，接受任务快速，同时各个职能部门职能明确，关系简单，各部门间沟通、协调方便，各专业人才集中在现场办公，办事效率高，解决问题迅速。

(2) 进度管理

进度管理是一种为了使工程管理成功发挥综合机能的重要手段。在进行工程进度管理时，必须经常掌握工程的进展情况，及早发现计划与实际脱节现象，并采取改进措施。为此需要表示施工顺序和进展速度的工程表。

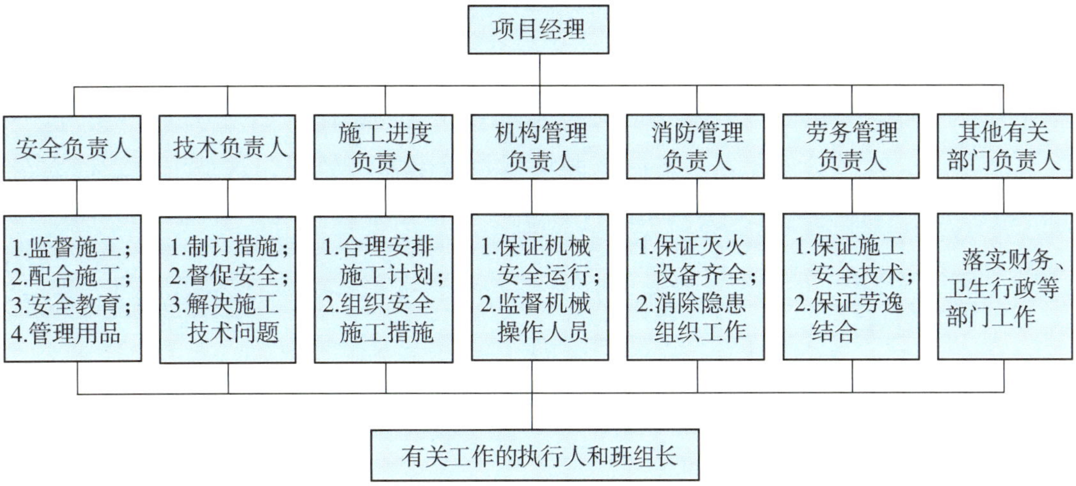

图 2-7 施工管理组织结构图

工程图表是工程进度管理常采用的一种方式。工程计划是为了使整个施工在计划工期内完成，规定了各部分工程的施工顺序和施工速度。如将其图表化就是工程表，工程进度管理主要使用工程表。

(3) 质量管理

进行质量管理，必须满足下列两个要求：

①对外，要求做出的产品质量必须符合买方的要求。

②对内，要求做到经济生产。

换言之，所谓质量管理，就是在质量方面为了经济地做出符合买方要求的产品所采取的一系列手段。质量管理的使命就是要满足质量和成本两者平衡的要求。质量组织管理网络如图 2-8 所示。

(4) 成本管理

在整个工程中，不管是效率高的还是效率低的，都能以交织在一起的综合成果反映在成本上。成本管理是作为顺利完成施工任务的综合手段来发挥极其重要的作用。

工程定额管理是成本管理的有效手段。工程定额管理是为了维持标准定额的管理。即为了维持一名工人、一组作业工人或一台机械的一小时或一天（一班）完成标准定额的管理。调查实际定额，经常会发现由于特殊原因而降低标准定额，并应找出降低原因，采取措施，维持按计划执行定额。与此相反，实际定额大于标准定额时，必须分析定额提高的原因，寻求提高效率的线索。

（5）安全管理

安全，不仅从尊重生命这一观点来说是重要的，而且事故的发生会给企业带来很大损失，同时会由于事故而造成信用扫地，承包工程也受到障碍等结果。所以工程管理者在制订施工计划时，在考虑经济性、效率性之外还要非常重视安全。但是这样的计划必须通过上下组织以取得完全支持，否则不会收到效果。也就是说，要通过经理到工程监督、工长以及工人等各个阶层，而且得到充分的支持，这一点十分重要。制订安全计划，坚持贯彻执行并做出安全效果，这是工程管理人员的职责。安全管理网络如图 2–9 所示。

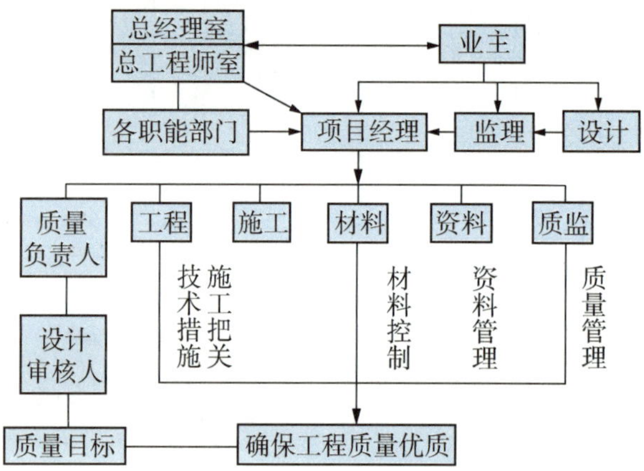

图 2–8　质量组织管理网络

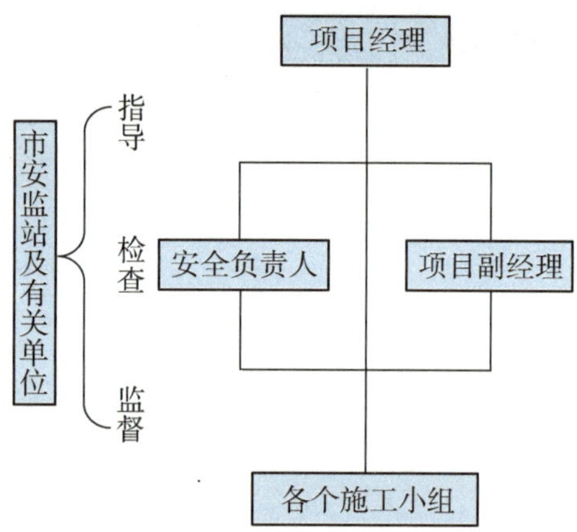

图 2–9　安全管理网络

（6）现场及环境管理

现场管理是指对这些场地进行科学安排，合理使用，并与各种环境保持协商关系。现场管理的目标是：规范场容，文明作业，安全有序，整洁卫生，不损害公众利益。

工程项目是与环境相联系的，工程项目的进行会对环境产生影响，其影响的程度可能因项目的不同而各异。所以，工程项目进行的同时，应考虑其对环境的影响。例如：在工程项目实施过程中，就应考虑粉尘、噪声、水源污染、环境卫生等问题；在组织大型活动项目时，就应考虑环境污染和环境卫生问题。在项目进行过程中，应重视环境保护，改善工程项目环境，无论是对项目本身，还是对社会都是非常重要的。现场及环境管理网络如图 2–10 所示。

2.2.2.3　工程实施管理的方法

工程实施管理的基本方法有工程进度管理、工程图表法（包括工程曲线和工程管理曲线）和工程定额管理等。

（1）工程进度管理。工程进度管理是一种为了使工程管理成功发挥综合机能的重要手段。在进行工程进度管理时，必须经常掌握工程的进展情况，及早发现计划与实际脱节现象，并采取改进措施。为此需要表示施工顺序和进展速度的工程表。

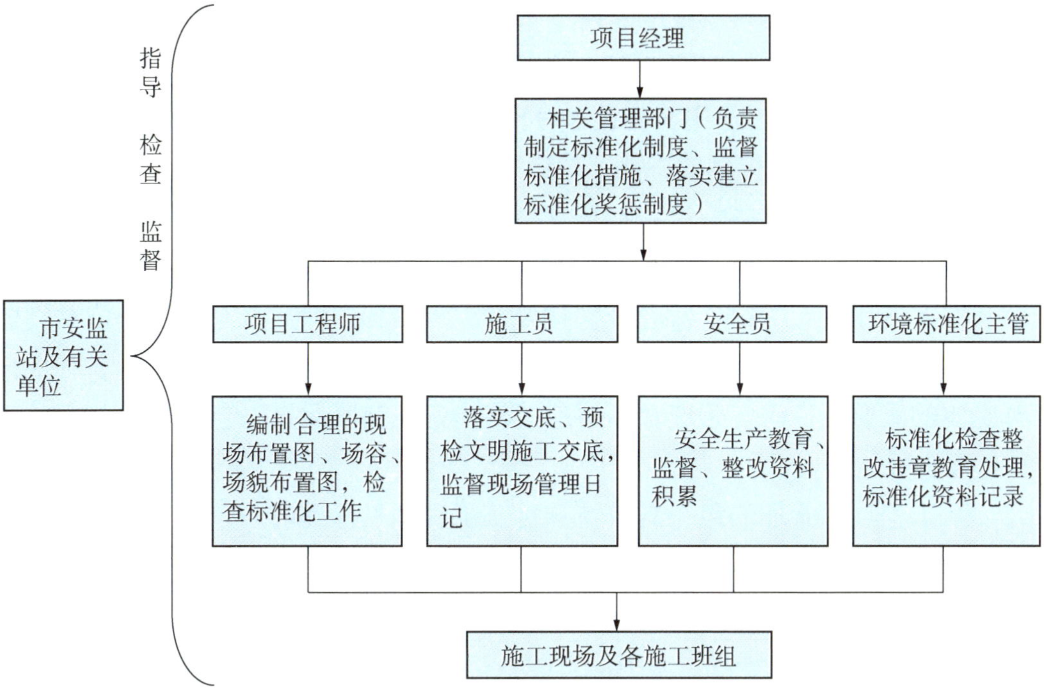

图 2–10　现场及环境管理网络

（2）工程图表法。工程计划是为了使整个施工在计划工期内完成，规定了各部分工程的施工顺序和施工速度。如将其图表化就是工程表，工程进度管理主要使用工程表。

（3）工程定额管理。工程定额管理是为了维持标准定额的管理，即为了维持一名工人、一组作业工人或一台机械的一小时或一天（一班）完成标准定额的管理。调查实际定额，经常会发现由于特殊原因而降低标准定额，并应找出降低原因，采取措施，维持按计划执行定额。与此相反，实际定额大于标准定额时，必须分析定额提高的原因，寻求提高效率的线索。

2.3　工程项目管理的特点及职能

2.3.1　工程项目管理的特点

工程项目管理与传统的部门管理相比最大特点是，项目管理注重于综合性管理，并且工程项目管理工作有严格的时间期限。工程项目管理必须通过不完全确定的过程，在确定的期限内生产出不完全确定的产品，日程安排和进度控制常对项目管理产生很大的压力。具体来讲表现在以下几个方面：

(1) 工程项目管理的对象是工程项目或被当作工程项目来处理的作业；工程项目管理是针对工程项目形成的一种管理方式，因而其适用对象是工程项目，特别是大型的、比较复杂的工程项目；鉴于工程项目管理的科学性和高效性，人们有时会将重复性的"作业"中某些过程分离出来,加上起点和终点当作项目来处理，以便于在其中应用项目管理的方法。

(2) 工程项目管理的全过程都贯穿着系统工程的思想。工程项目管理把工程项目看成一个完整的系统，依据系统论"整体—分解—综合"的原理，可将系统分解为许多责任单元，由责任者分别按要求完成目标，然后汇总、综合成最终的成果；同时，工程项目管理把工程项目看成一个有完整生命周期的过程，强调部分对整体的重要性，促使管理者不要忽视其中的任何阶段，以免造成总体的效果不佳甚至失败。

(3) 工程项目管理的组织具有特殊性。工程项目管理的一个最为明显的特征即是其组织的特殊性。其特殊性表现在以下几个方面。

①有了"项目组织"的概念。工程项目管理的突出特点是工程项目本身作为一个组织单元，围绕工程项目来组织资源。

②工程项目管理的组织是临时性的。由于工程项目是一次性的，而项目的组织是为项目的建设服务的，项目终结了，其组织的使命也就完成了。

③工程项目管理的组织是柔性的。所谓柔性即是可变的，项目的组织打破了传统的固定建制的组织形式，根据项目生命周期各个阶段的具体需要适时地调整组织的配置，以保障组织的高效、经济运行。

④工程项目管理的组织强调其协调控制职能。工程项目管理是一个综合管理过程，其组织结构的设计必须充分考虑到利于组织各部分的协调与控制，以保证工程项目总体目标的实现。因此，目前工程项目管理的组织结构多为矩阵结构，而非直线职能结构。

(4) 工程项目管理的体制是一种基于团队管理的个人负责制。由于项目系统管理的要求，需要集中权力以控制工作正常进行，因而项目经理是一个关键角色。

(5) 工程项目管理的方式是目标管理。工程项目管理是一种多层次的目标管理方式。由于工程项目往往涉及的专业领域十分宽广，而任何工程项目管理者都无法成为每一个专业领域的专家，对某些专业虽然有所了解但不可能像专门研究者那样深刻。因此在泰罗那个时代，管理者们对于工人的操作，甚至教到了手指怎样动作这样的细枝末节，这对大多数现代项目而言已经没有可能。现代的工程项目管理者只能以综合协调者的身份，向被授权的专家，讲明应承担工作责任的意义，协助确定目标以及时间、经费、工作标准的限定条件。此外的具体工作则由被授权者独立处理。同时，经常反馈信息、检查、督促并在遇到困难需要协调时及时给予各方面有关的支持。可见，工程项目管理只要求在约束条件下实现项目的目标，其实现的方法具有灵活性。

（6）工程项目管理的要点是创造和保持一种使项目顺利进行的环境。“管理就是创造和保持一种环境，使置身于其中的人们都能集中一道工作，以完成预定的使命和目标”，这说明了工程项目管理是一个管理过程，而不是技术过程，处理各种冲突和意外事件是工程项目管理的主要工作。

（7）工程项目管理的方法、工具和手段具有先进性、开放性。工程项目管理采用科学、先进的管理理论和方法。如采用网络图编制项目进度计划，采用目标管理、全面质量管理、价值工程、技术经济分析等理论和方法控制项目总目标；采用先进、高效的管理手段和工具，主要是使用计算机进行项目信息处理等。

2.3.2 工程管理的基本职能

工程项目管理最基本的职能有计划、组织及评价与控制。

2.3.2.1 项目计划

项目计划就是根据项目目标的要求，对项目范围内的各项活动做出合理安排。它系统地确定项目的任务、进度和完成任务所需的资源等，使项目在合理的工期内，用尽可能低的成本和以尽可能高的质量完成。任何项目的管理都要从制订项目计划开始，项目计划是确定项目协调、控制方法和程序的基础及依据，项目的成败首先取决于项目计划工作的质量。项目计划作为项目执行的法律，是项目中各项工作开展的基础，是项目经理和项目工作人员的工作依据和行动指南。项目计划作为规定和评价各级执行人职责、权利的依据，对于任何范围的变化都是一个参照点，从而成为对项目进行评价和控制的标准。

项目计划按其作用和服务对象可以分为4个层次，即决策型计划、管理型计划、执行型计划和作业型计划。项目计划按其活动内容分类主要有项目主体计划、进度计划、费用计划和资源计划等。常用于进行项目计划的工具上要有：工作分解结构（Work Breakdown Structure，简称WBS）、线性责任图（Linear Responsibility Chart，简称LRC）、横道图（Gantt Chart）、网络计划技术（CPM、DCPM、PERT、PERT/COST、GERT、VERT等）和SSD图（SSDGraph）等。

2.3.2.2　项目组织

组织有两重含义：一是指组织机构；二是指组织行为(活动)。项目管理的组织，是指为进行项目管理、完成项目计划、实现组织职能而进行的项目组织机构的建立、组织运行与组级调整等组织活动。项目管理的组织职能包括 5 个方面：组织设计、组织联系、组织运行、组织行为与组织调整。项目组织是实现项目计划、完成项目目标的基础条件，组织的好坏对于能否取得项目成功具有直接的影响，只有在组织合理化的基础上才谈得上其他方面的管理。项目的组织方式根据其规模、类型、范围、合同等因素的不同而有所不同，典型的项目组织形式有以下 3 种：

（1）树型组织。它是指从最高管理层到最低管理层按层级系统以树型展开的方式建立的组织形式，包括直线制、职能制、直线职能制和纯项目型组织等多个变种。树型组织比较适合于单个的、涉及部门不多的小型项目采用。当前的趋势是树型组织日益向扁平化的方向发展。

（2）矩阵型组织。矩阵型组织是现代大型项目管理应用最广泛、最为典型的组织形式，它按职能原则和对象（项目或产品）原则结合起来使用形成一个矩阵结构。

（3）网络型组织。网络型组织是未来企业和项目的一种组织形式，它立足于以一个或多或少固定连接的业务关系网络为基础的小单位的联合。它以组织成员间纵横交错的联系代替了传统的一维或二维联系，采用平面性和柔性组织体制的新概念。形成了充分分权与加强横向联系的网络结构。典型的网络型组织如虚拟企业（Virtual Enterprise）。新兴的项目型公司也日益向网络型组织的方向发展。

2.3.2.3　项目评价与控制

项目计划只是根据预测而对未来做出的安排。由于在编制计划时难以预见的问题很多，因此在项目组织实施过程中往往会产生偏差。如何识别偏差、消除偏差或调整计划，保证项目目标的实现，这就是项目管理的评价与控制职能所要解决的。这里的项目评价不同于传统意义上的“项目评价”，这一点将在后面的章节中详细说明。项目评价是项目控制的基础和依据，项目控制则是项目评价的目的和归宿。要有效地实现项目评价和控制的职能，必须满足以下条件：

（1）项目计划必须以适于评价的方式来表达。

（2）评价的要素必须与项目计划的要素一致。

（3）计划的进行（组织）及相应的评价必须按足够接近的时间间隔进行，一旦发现偏差，可以保证有足够的时间和资源来纠正。项目评价和控制的目的，就是通过伺服机制，根据计划进行中的实际情况做出及时合理的调整，使得项目组织能按计划完成。从内容上看，项目评价与控制可以分为工作控制、费用控制与进度控制等。

2.4 工程动态管理理论与原理

2.4.1 工程动态管理概念

动态管理是一种新颖的管理方法，动态管理(Dynamic Management)就是企业在经营管理过程中，通过外部环境的预测、内部数据分析，对经营策略、管理手段进行适时调整和对计划进行修改和补充的一种管理模式。核心就是要根据内外部环境的变化及时调整经营思路，在管理上要快速适应环境的不断变化。具体措施如下：

(1) 成立发现与解决问题的管理机构；

(2) 广泛寻找问题；

(3) 建立预警系统；

(4) 制订问题提案的管理办法。

工程项目动态管理是指在工程项目建设过程中，项目管理者通过协调技术和冲突处理，对建设工程项目不断变化的内外部环境影响因素及其对项目的影响做出判断、决策和处置，生产出符合最终目标要求的建设工程项目产品的宏观管理。其实质是一种过程管理，宏观管理，其核心内容包括冲突处理和协调技术。

2.4.2 工程动态管理系统的主要内容

系统基于法人管项目的管理模式，以成本、质量、进度、安全、环保工程管理五大要素为主线，将企业对项目的各项管理工作集成在一起，通过将业务处理标准化和工程管理核心流程优化、数字化，建立了具有国际工程管理理念和模式的工程动态管理系统，达到了过程控制、动态管理、信息共享和自动传递的目的，消除了信息孤岛，实现了协同工作、对工程全过程的实时管理和对管理层的决策支持。

2.4.2.1 工程动态管理系统组成

工程动态管理系统划分为7个子系统，3个层次。7个子系统是投标报价、成本管理、施工管理、工程文件与资料管理、人力资源管理、财务管理、BI系统。3个使用层次是业务层、管理层、决策层。

(1) 投标报价：灵活的组价方式、多种调价形式以及自动报价的方式实现对投标报价的管理，大大加快了投标报价的速度，提高了工作效率。

(2) 成本管理:对工程材料、固定资产、机械、费用等收支项目进行流程管理，对过程进行控制和预警，产生成本分析报表，供管理层进行实时控制。

(3) 施工管理：合约数据、工程进度、安全记录、分包、采购、材料报批、安全、质量、环保、安全环保违例记录、警告信等信息及时反馈，做到信息自动传递，信息共享，消除信息孤岛，及时反映工程项目情况并根据项目情况进行分析，对工程项目进程中可能遇到的问题进行预警、预报，负责项目相关部门针对预警预报信息展开讨论，适时、适当对工程项目进行调整寻找解决办法，同时涉及工程项目的各个单位可以随时查看本项目的警告信，及财务部出具的本项目的财务报表。

(4) 工程文件与资料管理：实现登记、分发、借阅、查询、修改、转储、申请、审批、归档等用计算机与记录簿实时记录，并保留正本和附件两份。针对建筑施工特点，提高工程文件与资料管理的效率和水平。文件的电子文档集中存放，仅被授权的管理人员才可查阅。

(5) 人力资源管理：对项目人员考勤和薪金的管理。考勤系统通过计算机管理实现自动记录、统计及生成报表，既提高人事管理的工作效率，又能杜绝考勤中的各种舞弊行为，保证考勤工作的合理性。

(6) 财务管理：包含基本账务处理、银行现金管理、固定资产管理、成本核算、通用报表处理、财务分析等提供完整的财务解决方案，并能与其他子系统实现无缝连接，直接由付款办理单或材料款单据审核生成凭证，实现项目各项费用支出和收入的统一核算。

(7) BI（智能）系统：工程项目进行中每天会产生大量的数据。采用商业智能系统对这些数据进行分析，不仅可以获得工程项目成败因素，还可以获得有关收支状况、库存状况、供应商和顾客关系等决策支持所需的珍贵信息。商业智能系统运用了数据仓库、在线分析和数据挖掘技术来处理和分析数据，针对不同的“维度”或“分析角度”进行上下钻取、左右拖动及纵横旋转，通过连续的立体动态表来产生可透析的各种展示数据，直观地显示领导所要探讨的某种经营属性及市场规律。

2.4.2.2 技术平台

(1) 网络通信平台。为共享管理信息资源，我们设计以下的网络通信平台，在这个平台基础上架构系统，任何与工程项目相关的信息都第一时间在通信平台发布，供参与工程项目的所有人员共享信息，消除信息孤岛。

(2) 数据交换平台。为保障数据的集中存放、实时共享、完整性、一致性和安全性，建立数据交换平台，将工程项目中的数据实时上传到数据交换平台，便于负责工程项目的相关部门查收。

(3) 应用软件平台。建立动态工程管理系统应用平台，其优点是：仅需在服务器端安装，工程管理信息通过 Internet 网或局域网进行共享，客户端计算机使用 Windows 自带的浏览器 IE 即可完成所有信息管理操作。解决了多用户、跨时空共享信息的问题，实现了协同工作；可实现无缝升级，系统升级时客户端完全不必做任何改变，自动随 Server 端程序更新而更新。这使系统更加灵活，适应互联网社会发展需求。

(4) 系统安全机制。从两个层面解决：外部安全防护和系统内部安全认证。外部安全防护，采用防火墙只允许指定的客户端联入系统；采用 VPN 确保数据传输安全；数据定时自动备份，确保数据安全；服务器级专用防病毒软件，控制病毒在内网中的传播。系统内部安全认证，定制了完善的权限管理机制和配套的权限管理软件。通过角色、功能组和公司架构，可以灵活而又系统地授权，使得指定的人只能使用指定的功能；采用电子证书确认重要操作的使用者身份。

2.4.2.3 关键技术

对工程管理进行抽象和提炼，形成了工程动态管理模型。将工程项目管理中的各种职能提炼为功能、流程和角色，对它们分别进行定义和处理，使系统具有更高的灵活性和通用性。

2.4.2.4 实施效果

工程项目实行动态管理后，工程项目的管理水平有明显的提高，主要表现在：

(1) 项目层次：通过工程动态管理，加强了对工程进度的监控，保证了施工进度；项目可以通过动态管理系统了解公司的安全情况并及时预警；通过动态管理对施工过程进行管理，对工程质量进行评分，并对工程进程中不合理的地方发出警告信，对项目计划和实际情况不吻合时发出预警，使项目对施工质量的监控大大加强，提高了项目施工质量；使用动态管理系统后改善了工作流程，降低了成本；减少了人为错误造成的风险；人力资源系统实现自动记录、统计及生成报表，提高人事管理的工作效率，保证了考勤工作的合理性；增强了公司对项目的透明度。

(2) 总体要求：信息共享、协同工作，提高工作效率；变事后控制为综合动态管理，强化了法人对项目的管理；工程项目管理流程优化，运作效率大幅提升，提升了工程项目整体管理水平。

3 航道整治建设工程特点及管理现状

3.1 长江航道整治工程基本情况

新中国成立前，长江航道基本上没有进行过治理，一直处于自然原始状态。新中国成立后，长江航道才步入有计划的建设时期，陆续开展了长江航道的系统治理。

20 世纪 90 年代中期以前，主要是对长江上游川江航道进行治理。川江航道整治始于 1953 年，据统计，从 1953 年起至 1993 年止，川江全线共整治各类滩险 123 处、零星清障 115 处，累计完成工程量为 991.34 万 m^3，其中：陆上炸礁 548.93 万 m^3，水下炸礁 61.88 万 m^3，浅滩疏浚 203.89 万 m^3，水下清渣 39.61 万 m^3，筑坝 76.94 万 m^3，捡滩 60.09 万 m^3。通过上述工程，结合航标、信号、绞滩、通信等建设，取得了显著成效。川江全线航道水深尺度获得较大幅度的提高，宜渝段航道尺度由 2.1m×33m×400m（水深 × 航宽 × 弯曲半径，以下同）提高到 2.9m×60m×750m，渝叙段航道尺度由 1.3m×40m×220m 提高到 2.7m×50m×560m，能较好地适应该段船舶和船队全年安全通航的需要。急、险滩的水流条件得到很大改善，航道通过能力提高了 8 倍以上。

“八五”后期，特别是“九五”以来，在交通运输部的重视和支持下，以实施长江中游界牌水道治理工程为标志，长江中下游航道建设步入了系统治理时期，相继成功进行了张家洲水道南港下浅区航道整治工程、碾子湾航道整治工程、马当水道沉船打捞工程、太子矶水道拦江矶部分炸除工程、陆溪口航道整治工程、东流水道航道整治工程、罗湖洲航道整治工程、太子矶中段礁石炸礁工程等重点碍航河段整治工程及长江航道清淤应急工程，通过这些工程的实施，有效缓解了中下游航道年年“战枯水”的紧张局面。同时，在长江上游实施了泸渝段航道建设工程、涪陵—铜锣峡航道炸礁工程等。目前，长江中下游的周天河段航道整治控导工程、马家嘴航道整治工程一期工程、武穴航道整治工程、黑沙洲航道整治工程、瓦口子航道整治一期工程等工程正在抓紧实施。据统计，“九五”期间至

2007年8月，长江航道整治共完成投资18.5亿元，其中“九五”期间完成投资6.8亿元，“十五”期间完成投资6.6亿元，“十一五”以来不到两年共完成投资5.1亿元，表明“十一五”期间长江航道整治步伐明显加快。

3.2 航道整治工程建设特点

3.2.1 河道自然条件的复杂多变性

航道整治是按照一定的整治目标和建设标准，基于对整治河道特性和演变规律及水文气象等条件的分析把握，依据一定的河道条件进行工程设计，包括平面布置方案设计、结构设计、施工工艺设计等。设计者应该对河道特性和变化规律基本把握，并尽可能深入。但对河道、水文条件永远做不到完全、充分认识，正确的设计应在河道及水文条件出现一定范围的变化时仍然可行，同时又应及时根据河道及水文条件的较大变化作相应的设计变更。因此，河道自然条件的复杂多变性是航道整治建设项目的显著特点，也是航道整治工程必须实行动态管理的最重要原因之一。

与河道设计条件有关的变化主要包括：

（1）河道滩槽等河道组成单元分布位置的相对变化

天然河流（主要是冲积平原河流）的水流与河床处在不断相互作用中，这些变化在部分河道内表现得相当活跃，通常会引起河道组成单元，如江心洲、边滩、心滩、深槽、浅滩的形态及分布位置发生相对变化。这种变化可能发生在工程可行性研究至初步设计阶段，也可能发生在初步设计到施工图设计阶段。设计者对这类变化应有一定的预见性，并在设计方案中给予必要考虑，除非遇到特殊水文年，河道总体格局发生重大变化，设计方案应仍是基本可行的，但也需要根据河道组成单元的分布相对位置的变化对设计方案（主要是总体布置）进行必要优化调整。

（2）工程实施过程中建筑物局部地形冲淤变化

即使在河道形势相对稳定的情况下，河道也经常出现局部地形冲淤变化和局部流场变化，这些变化可能是河道自然变化，也包括先期实施工程所引起的河道调整。如果这些变化发生在未实施的设计建筑物所在区域，则通常会要求对设计进行必要调整或变更，主要包括：建筑物平面位置，建筑物结构与材料、施工工艺、工程量等；如果这类变化进一步发展将给工程实施带来严重不利影响，则可能需要采取应急措施，制止局势恶化。如果这些变化发生在已实施建筑物所在区域并对建筑物造成损毁，或进一步发展将使建筑物损毁，则需要对建筑物采取必要的维护措施，以确保建筑物的安全稳定。

（3）水文条件异常变化

主要指设计施工期内出现设计预期范围外的水位等条件变化。很多情况下，航道整治建筑物按其所在区域在施工期是否出露或水深大小两方面条件，采用不同的结构与施工工艺，这两方面条件都与水位有关；而有关水位设计参数又是根据水文资料的统计分析确定的。水文现象有一定的随机性，每年水文过程有所不同，如果出现施工期水位明显偏高或偏低，则原设计的结构与施工工艺往往需要进行设计变更，还有可能导致对施工顺序、施工工期作必要变更。

3.2.2 建设外部环境的复杂多变性

作为河道工程，航道整治工程无论是设计还是实施，都不可避免地与防洪、采砂、环保以及地方经济建设发生联系，而且也必须尽可能地与外部环境相协调，而外部环境的要求不仅错综复杂，而且有时是变化的。例如，尽管在前期工作阶段已通过防洪及环境论证，但在初步设计阶段，如果由于设计方案因河道条件的变化作了局部调整，有关部门往往又会提出新的问题，包括要求重新进行论证、对方案的变动提出限制条件等；在实施阶段，如果工程河段内出现崩岸，尽管崩岸原因不一定与航道整治工程有关，但有关部门可能要求调整工程方案，或增加崩岸段护岸的工程措施。又如很多整治河段有采砂问题，因采砂区范围或开采深度与采砂规划不一致，引起河道出现较大调整，改变了工程实施条件，也可能迫使工程设计方案要进行相应调整。

3.2.3 工程实施具有较强的时效性和时限性

航道整治工程的时效性和时限性，主要是针对内河航道治理工程，这是内河航道整治工程的特点之一。

（1）航道整治工程实施的时效性

航道整治工程应在河势条件得到基本控制的基础上进行。所治理河段河势稳定，是该河段治理的最有利时机。在河势条件尚不稳定河段进行航道治理，不仅工程建设难度大，工程投资多，而且航道整治建筑物也难以稳定，同时还难以达到航道整治效果和目的。如，长江中游碾子湾水道 1994 年下半年由于上游石首弯道裁弯撇滩，大量泥沙下泄，致使该水道航道非常不稳定，河道中江心洲滩低而散乱，是长江中游当时主要碍航浅水道，如果当时进行整治工程，据设计单位估算需要投资 1 亿元左右；1998 年和 1999 年，长江连续两年特大洪水，使该河段江心滩消失，河槽中形成较为完整的上下边滩，此时该河段河势条件有利于航道的治理，经交通部批准，首先通过长江航道应急清淤工程投资 2 000 多万元，先期实施部分控导工程，然后交通部又批准投资 4 000 多万元实施了该河段航道整治工程，整治工程十分成功，达到航道整治目的，较好地改善了航道通航条件，工程总投资节省了三分之一。

（2）航道整治工程施工期的时限性

内河航道整治工程施工期的时限性，主要体现在两个方面：第一，航道整治工程一旦确定进行，应抓紧实施，不能拖延过久，否则，受河道条件变化影响，工程建设的风险性较大，工程治理效果有可能达不到预期的目标，工程投资控制困难。第二，整治工程实施时，受施工水位限制，单位工程一旦开工必须在一个枯水期完成，否则，水位上涨后不能施工，已建的部分工程可能被水冲毁。

3.3 工程动态管理现状

国家“九五”期以来对长江航道的建设投资逐年加大，先后投资建设了一批航道整治工程项目，如：长江中游界牌河段航道整治工程、长江中游碾子湾河段航道整治工程、长江下游张家洲水道航道整治工程、长江下游马当河段沉船打捞工程、长江航道清淤应急工程、长江口深水航道治理工程、长江南京以下 12.5m 深水航道工程等。上述工程的项目单位在交通运输部相关部门指导下，根据航道整治工程建设的实际，运用动态管理的理念，较好地处理了航道整治工程建设过程中工程建设环境复杂、设计条件变数多的问题，确保了工程建设效果，发挥了航道整治工程的社会效益，取得了一定的管理经验，但同时也有些不足。

3.3.1 取得的成功经验

（1）运用动态管理理念，及时处理航道整治工程建设过程中因航道条件复杂多变因素造成的困难问题。

航道整治工程应进行动态管理的思想，可以说在长江中下游航道系统整治开始实施时就已经产生了。长江中下游第一个航道整治工程——界牌河段航道整治工程实施时，交通部、水利部在对“初步设计”的审批意见中明确指出：鉴于界牌河段河势变化频繁，在施工图设计阶段和工程实施过程中，可根据河势变化情况，对整治工程作局部调整。并责成长江水利委员会、长江航务管理局、湖南省和湖北省组成施工协调小组负责建设期间的有关协调工作。

项目单位长江航道局在工程实施中充分发挥施工协调小组的作用，每年枯水施工期开工前及时召开工程建设施工协调小组会议，会议上项目单位通报工程开工建设以来航道变化、已建整治建筑物及部分工程实施后河道变化等情况，提出工程建设过程中存在和需要解决的问题；设计单位汇报已建工程对整治河段河道的水流调整、河床演变分析情况、工程建设效果，下一步应采取的工程建设措施和方案。这就是一种在航道整治建设过程中的动态管理模式，这种管理模式及时并较好地处理了界牌河段航道整治过程中许多复杂的问题。

（2）重视航道建设过程中的河道原型观测，及时进行河演分析，掌握河道的变化规律。

长江中下游航道整治工程建设从1994年长江中游界牌河段航道整治工程开始至今，已经建成和在建的航道整治工程项目有12个，在这些项目建设过程中，每年都安排一定数量的航道工程测量，对在建工程项目河段进行河道原型观测和整治建筑物局部地形测量，工程设计单位根据观测资料及时进行分析，及时优化调整设计方案，必要时还进行河工模型试验。例如东流水道航道整治工程，第一施工年度完成了玉带洲的守护工程，项目单位及时在汛期组织了河道原型观测，从河道原型观测的资料分析研究中发现玉带洲洲头护滩工程实施后，玉带洲洲头停止冲刷后退，而莲花洲港下深槽沿左岸向上延伸，并将原左岸娘娘树一侧沿岸边滩切割成为左岸深槽，如不及时将左岸处于发展中的深槽堵塞，东流水道初步设计批复治理方案的河势条件就会失去，为及时封堵左岸深槽，确保治理西港为通航航道目标，项目单位将原计划在第三期实施的左岸三道丁坝工程提前到第二期实施，同时考虑到玉带洲头鱼骨坝左侧第四道鱼刺坝受水流作用力较小，削减该刺坝的长度，将节余的资金调剂到左岸三道丁坝所增加的工程量所需要的费用，实施结果证明，调整的效果很好，该项目建成后，达到了预期的目标。

（3）加强工程建设协调，上下沟通，及时修改和优化施工设计方案和工期。

由于航道整治工程项目受自然因素影响较大，特别是长江中下游这样的沙质河床，水沙条件复杂，航道多变，治理期间时效性和时限性对工程治理效果有着很关键的作用。在工程建设过程中，一旦河道条件发生较大变化，须及时对工程建设方案进行修改和设计变更，如按照现行的基建程序经审批后才能实施，因审批需要一定的周期，往往会错过最有利的施工时机，对工程的顺利实施带来较大影响。

在长江航道整治工程建设中，在上级建设主管部门的大力支持下，采取了特事特办的处理方式（即应急事宜先口头汇报，请示后边实施、边完善相关基建管理程序手续），对抓住有利时机进行施工，确保航道整治效果，起到了积极的作用。例如：长江下游张家洲南港航道整治工程，工程的初步设计方案2002年2月6日在武汉经交通部部审，审查时认为在当时的河势条件下，工程设计方案中左岸1号、2号、3号丁坝必须尽快实施，以确保该水道新洲头及新洲边滩的稳定。当时长江已经临近春汛，要保证在2002年上半年春汛到来之前完成1号、2号、3号丁坝工程部分坝体工程，必须在当年2月份长江低水位时对3道丁坝工程实施水下铺排护底施工，并实施部分坝体工程，以保护左岸新洲头和新洲边滩的稳定，进而控制住整治张南水道航道的有利河势条件。如果按一般基本建设管理程序履行工程开工前手续，有可能错过2002年上半年有利的枯水施工期，工程无法开工。在部审会期间，交通部水运司领导考虑与会专家意见，同意该工程项目1号、2号、3号丁坝工程水下铺排工程，可以先期直接发包，立即进行水下铺排施工，抢在春汛到来前完成1号、2号、3号丁坝部分坝体工程。由于该部分工程的及时实施，稳定了该水道有利的河势条件，为后续工程的实施打下了很好的基础，同时也节约了投资。

因此加强协调、沟通，是航道整治工程建设动态管理中一项很重要的工作。

（4）大的设计变更，组织专家咨询会进行技术咨询，实行科学决策，集体把关。

长江中下游航道整治工程建设条件复杂，工程投资也很大，工程建设过程中设计变更较多，为确保航道整治工程效果，合理控制投资，长江航道整治工程建设过程中对较大的工程设计变更均实行专家咨询制。这一制度从长江中游界牌航道整治工程开始就一直沿用至今。通过实行专家咨询制，有效地处理了工程建设中的技术难题，保证了工程动态管理中决策的可靠性。

（5）对在建工程加强工程建筑物汛期观测，制订工程度汛期工程应急抢险预案。

航道整治建筑物的作用之一是对整治河段水流结构的调整，在汛期受水流作用力较大，水流对整治建筑物破坏作用也较大，汛期如果整治建筑物受到破坏，必须及时抢修，否则后果很严重。长江航道局根据多年的建设管理经验，每年枯水施工期结束后，对已建工程都要制订洪水期应急抢险预案，以确保工程安全，降低工程风险。并组织度汛期间的观测，遇到危及整治建筑物安全的情况，迅速启动应急预案进行抢险施工，并及时向上级报告。

3.3.2 存在的不足

在施工过程中，施工单位针对设计细部中的问题或施工中的难点，积极与建设单位、设计单位、监理单位进行沟通，寻求解决方法。监理人员发现施工过程中有需要改进的地方，积极提出建议，供各方面考虑，他们在以往的动态管理中也发挥了积极的作用。

但是，由于管理组织结构、管理权限、管理力度等方面的原因，目前的动态管理尚不规范，动态管理的实施存在一些需要解决的问题。主要有以下几个方面：

(1) 对动态管理的认识程度不深。

目前，对动态管理的认识基本上还停留在设计变更上，认为搞好动态管理主要就是搞好设计变更，就是在施工过程中，施工单位或有关单位提出设计需修改，工程建设各方一起研究把设计修改好就行了。而对于动态管理在航道整治工程中的重要性认识不足，对于如何加强动态管理研究不透。

(2) 缺乏规范的动态管理办法，尚待建立完善动态管理制度。

由于没有规范的动态管理办法，在工程建设过程中，一旦河道条件发生较大变化，必须进行设计变更时，只能按照现行的基建程序履行报批手续后方能付诸实施，由于审批过程需要一定的周期，往往错过最有利的施工时机，对工程的顺利实施带来较大影响。

在重点整治工程项目中，在上级建设主管部门的大力支持下，采取了急事特办的处理方式，但此种特殊的管理方法因不符合基建程序的有关规定而难以经常采用，但航道整治工程中诸如工程设计变更较多、时间要求急迫等问题是较为常见的事。对于处理此类问题，项目审批部门因没有规范的管理制度，往往是采取不尽合程序的管理方式进行办理，承担了一定的风险责任。即使是超常规审批也需要一定的过程和周期。所以必须尽快建立和完善动态管理的相关管理制度。规范航道整治动态管理行为，以确保航道整治工程的顺利实施和整治效果。

(3) 航道治理方案的研究和决策过程中，基础资料不够系统，研究手段有限。

航道治理是一个极其复杂的研究和决策过程，特别是长江这种大江大河的航道治理的研究，就更加复杂。人们对江河水流与河床长期作用演变规律的分析认识主要建立在对河流水文和地形观测的资料上，这些基础性资料的多寡，对研究者分析判断影响很大，继而影响到航道整治工程项目的决策。

在以往的长江航道维护管理过程中，航道维护部门和航道科研单位虽然积累了一些资料，但往往不够系统，难以做到对演变规律的充分认识，所以，现有的观测资料常常难以满足航道工程方案设计与决策的需要。

其次，模拟手段有限。目前，航道整治工程方案的制订，除了对整治河段进行测量、观测和资料分析研究外，同时要借助物理模型或数学模型试验，然而这些物理模型或数学模型试验手段同样具有一定的局限性，加上河道原型观测资料不完整，所得出的工程设计方案不可避免地存在一定的偏差。

(4) 航道整治工程实施阶段的工程观测费用较少，对实施动态管理带来较大困难。

航道整治工程实施期和实施后，由于缺少河道原型观测资料，使工程动态管理缺少工程设计变更科学依据或依据不足，也使工程的后评价带来难度。产生原因是工程概、预算未能足够列入工程实施期和实施后河道原型观测费。

一般航道整治工程项目的勘测，应分为以下五个阶段：

A. 工程可行性研究阶段。本阶段的原型观测资料主要内容：水文年内各流量级下的地形图测量、水文测量。这些测量资料用于河演分析研究和河工模型试验。

B. 初步设计阶段。本阶段观测资料供工程初步设计使用，是初步设计阶段工程设计方案编制的依据，同时也是为初步设计阶段工程设计方案作河工模型试验的基础资料。

C. 施工图设计阶段。初步设计方案审批后工程进入实施阶段，航道整治工程当年的施工图设计，必须采用该河段当年主汛期后的地形图作为施工图设计依据。

D. 工程实施阶段观测。这个阶段的观测是十分的重要，但往往被忽视。在航道整治建筑物实施中和实施后（无论是部分或全部）所建整治建筑物对本河段水流都会起到调节作用，因此加强这一阶段的观测，对于整治建筑物施工的顺利进行和整治建筑物的稳定、水流结构的变化以及工程效果，都是十分重要的。

E. 工程效果后评估阶段。整个项目实施完成后，为真实地反映工程效果，需要连续两年以上对整治河段进行观测，为工程整治效果后评估提供依据。

上述五个阶段的观测费用都是必需的和客观存在的，但是，目前概预算编制办法和设计概算中基本上没有考虑第四个阶段的费用，而这个阶段的观测，恰恰又是实施动态管理最重要的依据。

3.4 航道治理工程动态管理需求

动态管理是从人们广泛的生产建设实践活动中总结、提炼出来的。目前，动态管理的概念已在不少行业被运用，如在产品的成本管理中，一般将其管理过程控制分为三个阶段，即预算（事前控制）、检查纠偏（事中控制）和成本核算（事后控制），实际上这就是对成本的一种动态管理。为什么必须要在航道整治工程中进行动态管理，主要基于以下几点理由：

3.4.1 航道整治工程的自身特点决定必须进行动态管理

人们已经意识到，工程建设所面对的实践对象，永远处于不断运动、变化、发展的过程，尽管人们花费很大的气力对这种运动规律作了深入研究，企图揭示出合乎客观实际的运动规律，设计出符合客观规律的完善的工程设计方案，以达到最大的工程效益。但是，面对自然界无穷的变化，人们得到的这种规律性的认识，往往是从宏观把握上得到的一般性规律。在对边界条件认识不透，或者边界条件在特定的条件下有较大变化的情况下，人们所得到的这种规律性认识可能不全面，甚至是片面的，在这种情况下，如果仍然一成不变的遵循以往确定的工程方案和管理方式，将可能导致工程建设不能达到预期效果，有时甚至会造成一定的危害，既浪费了资源，又达不到目标。于是，人们开始注意在工程建设的过程中，根据不断发展变化的客观情况，不断调整修正工程建设的思路、方案及其施工组织，使之更加符合变化了的工程实际，但是这种调整和修正，应符合建设项目的总目标，需要进行充分的分析研究，而不是随意的、片面的、单方面的。这就需要有一套与之相适应的管理模式，规范上述调整和修正等管理行为，真正做到在充分满足建设目标的基础上，更加合理有效地利用资源，取得更大的经济效益和社会效益。

如前所述，在航道整治工程建设中，由于工程投资规模大、建设周期长，建设过程中可变因素多，就更需要建立规范的动态管理模式，并制定相应的管理办法。

3.4.2 贯彻落实科学发展观，必须对航道工程建设实行动态管理

21 世纪前 20 年是我国经济社会发展的关键时期，也是内河航运发展的重要战略机遇期。在近期召开的全国水运工作会上，交通运输部党组提出，到 2020 年总体实现水路交通现代化的战略目标，明确了实现水路交通现代化的关键任务之一就是要大力发展内河航运。航道是航运的基础，长江黄金水道建设已经列入了国家“十一五”发展规划，交通运输部也将长江黄金水道的建设作为当前交通工作的重点之一，对长江航道的建设给予了高度的重视与支持，在“十一五”期已投资 150 亿元用于长江航运基础设施的建设，长江航道建设已经进入到了一个持续、强劲的增长期。因此，在长江黄金水道的建设中如何认真地落实科学发展观，抓好航道基础设施建设项目管理，确保工程质量、安全和投资效益，实现长江航道建设又好又快发展，构建和谐航道，服务沿江经济，是值得我们深思的一个问题。

为了使今后的航道整治工程项目管理更加规范、更加完善、更加科学，针对航道整治工程特点，进行科学合理、优质高效的动态管理，做到工程项目决策管理“科学化、规范化、制度化”，将能有效地指导工程建设，保证航道整治工程效果，减少国家投资风险，取得最佳投资效益，从而更好地落实科学发展观，服务于社会。

3.4.3 保证航道整治工程质量决定了必须进行动态管理

自 20 世纪 90 年代起，长江中下游开始进行较大规模的航道整治工程，在工程实践中，建设单位针对整治河段复杂多变的特点，根据动态管理的思路，在遵守基本建设程序的基础上，提出了一些与之相适应的管理办法，已在航道整治工程中取得了很显著的成效。如界牌、碾子湾、张家洲、马当等河段整治工程已相继竣工验收，东流、陆溪口、罗湖洲等河段的整治工程也已进入竣工验收阶段。

实践证明，尽管在工程建设的前期阶段，有关单位和部门做了大量的工作，制订的整治工程设计方案，无论是平面布置还是建筑物结构设计，基本上是符合当时整治河段实际情况的，但是由于河道时刻处于变动之中，从项目开始研究到正式批准实施，时间一般多在两年以上，在工程实施时拟整治河道已有了一定的变化。同时，随着整治建筑物的相继建成，整治河段河床也在进行相应的调整，因此，原制订的整治方案或者施工顺序也有必要进行相应的调整，以适应不断变化着的河道情况。同时，在工程实施过程中，水流对建筑物不同作用部位强度有可能与设计时的认识不一致，随着认识的深化，也有必要对工程结构作相应的调整。上述调整的目的是为了充分保证航道整治工程的整体质量，以取得最佳工程整治效果。

4 航道整治工程动态管理

4.1 航道整治工程动态管理概述

随着我国国民经济的快速发展，长江“黄金水道”在交通运输体系中的作用日益凸显，长江航道建设得到了党中央、国务院以及交通运输部高度重视，也引起了社会各界的广泛关注。2005 年以来，沿江七省二市多次召开高层会议，共商“黄金水道”建设大计。2008 年年底，温家宝总理更是明确提出“长江航道建设要加强”的重要指示。可以说长江航道建设迎来了千载难逢的快速发展机遇期！毫无疑问，今后几十年，长江航道整治项目会越来越多，建设规模会越来越大，航道建设任务将日益繁重。同时，社会各界也会对长江航道的发展有更多的期许，提出更高的要求。

在新的发展形势下，为落实“科学发展观”，更好地发挥投资效益，确保整治效果，降低决策风险，需要在基建程序大的基本框架下，针对航道整治工程河势、河床易于变化的特点，研究动态管理的基本模式、决策机制和工作流程。这种管理模式应以工程观测为基础，通过科学的分析、论证与研究，提出优化设计方案。这种决策机制应以分析成果等基础信息为纽带，适当归并程序环节，提高决策时效，降低决策风险。这种管理的目标应体现责权统一的原则，有利于适应新形势的需要，实现航道建设“又好又快”的目标。

4.1.1 航道整治工程动态管理的概念

实施阶段动态管理，从决策角度上讲，是指在航道整治建设项目初步设计批复后，从工程开工到竣工验收阶段，针对出现的新情况、新问题，以初步设计批复为依据、工程观测为基础、模型试验和科研分析为手段，通过优化设计，调整施工顺序、施工工艺和工序、工程局部结构以及工程费用，达到确保整治效果为目标的研究、决策及管理全过程。从实施角度上讲，是以批准的工程初步设计为依据，以现场监测成果为基础，以模型试验和科研分析为手段，适时优化设计施工方案，以达到确保整治效果和建筑物的稳定的管理全过程。

4.1.2 航道整治工程动态管理的目标

动态管理的目标是针对航道整治工程的特点，借助最新科研成果及技术，以事前控制为基本原则，科学决策，规范工程设计变更程序，完善相关技术保障措施、制度，增强预见性，消除不利因素对工程建设的影响，探索出既能更好地遵循基建程序，又能及时根据自然边界条件的变化，适时优化工程设计施工方案的新的管理模式和办法，以达到确保整治效果，降低投资风险，提高投资效益的目标。

4.1.3 航道整治工程动态管理的指导思想

根据交通运输部关于内河航运建设的方针、任务，本着把长江干线航道建设成更具优势的主通道的精神，全面贯彻落实科学发展观，抓住机遇，遵循科学求实、客观严谨、决策果断、处理及时的基本原则和河道的演变规律，改进航道建设管理方法，适应长江航道建设又好又快的需要，在观测、分析、研究充分的基础上，合理优化、调整局部工程结构、工艺、实施时机，以保证工程的顺利实施和整治目标的全面实现，确保整治效果，充分发挥投资效益。将动态管理贯穿于工程实施全过程中，把长江干线航道建设成名副其实的“黄金水道”，为营运船舶创造更为安全和便捷的通航条件，促进长江航运的发展，并为开发长江经济带创造更有利的环境。

4.1.4 航道整治工程动态管理的基本原则

（1）与基本建设程序相吻合，是基本建设程序的补充和完善

实行动态管理并不是要脱离基本建设程序，而是在基建程序大的框架下，为适应水运工程建设快速发展的新要求，针对航道工程的实际特点，通过对一些程序环节的优化，提高基本建设程序的适应性。同时也是从政策层面上提高了工程建设者适应环境变化的能力，更好地实现工程效果。

（2）以确保整治效果为目标，是实施阶段的再设计、再优化

动态管理过程中，针对河势、河床以及实施条件的变化而进行的设计变更，要么是为了抓住有利时机，要么是为了控制不利情况发展，要么是为了降低工程成本，还要么是为了防范实施风险。无论怎么优化与调整，都要以更好实现工程效果为目标。

（3）要有系统全面的观测，在分析研究的基础上制订优化方案

动态管理的一项基础性工作就是工程观测，通过系统全面的观测来发现工程

实施过程中的变化，通过分析、研究来掌握河势变化规律，适时优化施工方案。

(4) 决策及时

动态管理的关键环节就是决策。而在动态管理过程中，决策的基本要求就是要及时。如果决策环节过多，周期太长，就会错失工程实施的最佳时机，影响工程的整治效果。要确保决策正确，还要建立科学的决策机制，要有一定咨询机构为决策提供支撑；要按照责权统一的原则，通过制定动态管理办法，规范动态管理涉及的工程观测、分析、论证、决策等工作环节的职责，以保证决策高效和及时。

(5) 应急处理和正常管理区别对待

当遇到突发事件，应及时向上级汇报，采取应急处理措施，确保人民生命财产和已建工程建筑物的安全。妥善处理后，按管理权限办理有关手续。

正常的设计变更应按现行基建程序办理相关报批手续。

(6) 分级管理和权责一致

按照“重大设计变更”“较大设计变更”“一般设计变更”分级进行管理，对不同的管理层次要明确相应的管理职责。

4.1.5 航道整治工程动态管理的主要内容

在工程实施时，特别是整治建筑物逐步到位后，由于改变了水流的边界条件，主流的走向、顶冲点的位置以及河床地形等条件也会发生诸多的变化。要使工程设计符合变化了的边界条件，确保整治效果，就必须按照动态管理的原则，加强观测，跟踪掌握变化的情况，适时优化工程设计，动态调整工程实施方案。因此，开展动态管理工作，系统全面的工程观测是基础条件；及时组织资料分析，掌握河势及河床的变化是关键；借助模型试验等技术手段不断优化设计方案、调整施工先后顺序并进行技术咨询是动态管理的核心。另外，在工程实施后，因动态管理而引起的方案及费用调整尚应按有关规定向上级报批或报备。从长江航道整治工程建设的实践看，动态管理主要涉及设计方案调整、应急与抢险、建筑物维护以及与此相关的研究与论证、技术咨询与决策、报批与报备等方面的内容。

4.1.5.1 方案的研究与论证

在工程建设期，通过系统全面的观测与分析，一旦发现较大的河势、河床变化及工程的异常情况，特别是一些可能会影响工程建设效果的变化，一般应由设计单位提出初步处理意见及设计优化方案，提交建设单位，由建设单位组织专家召开技术咨询会议，进行研究论证。对于整治标准、规模的改变、建筑物的布置及重大结构的调整，还得通过委托具备资质的研究机构通过数学模型或物理模型进行验证，研究成果经有权部门（机构）评审后方可付诸实施。

在一些实施动态管理较为成功的航道整治建设项目中（如长江中游的界牌整治工程），曾设立经交通主管部门授权的、组成相对固定的咨询、协调及决策机构，成员来自上级主管部门、地方政府涉水部门、技术咨询机构、有关专家以及建设、设计单位等。按照动态管理的一般原则，在设计单位根据河势及河床变化而提出的调整方案或模型试验单位提交模型试验方案时，建设单位随即组织上述机构成员进行咨询、评估和决策。这种咨询决策方式具有以下显著特点：一是，经交通运输部授权、人员组成全面，因而具有一定的权威性；二是，成员相对固定，自始至终参与项目管理过程，熟悉项目情况，具有较好的连续性且责任意识相对较强；三是，减少了决策的中间环节，大大提高了决策时效性，有利于抓住有利的工程实施时机，保证动态管理的效果。

4.1.5.2　设计变更与优化

设计单位依据观测资料、自身的研究分析、专家评审意见以及模型试验的结论，就可以调整、优化原设计方案，出具设计变更文件。设计变更是动态管理的主要内容。就其表现形式而言，主要有以下几种情况：

（1）整治建筑物的布置（位置）、数量的调整

在施工图设计阶段随着工程勘测工作的深入细化，特别是整治建筑物逐步到位后，整治河段河势及局部河床的调整是必然的过程。为了使整治建筑物避开不利的地质地貌（如坝下游挑流矶头、迎流顶冲点等），或更好地发挥作用，或遏制不利河势的发展，或减少工程量，常常在施工图设计阶段，根据勘测资料对建筑物的位置、彼此间距、轴线的走向以及守护范围等做出必要的调整优化；在施工后期，根据效果观测结果，通过充分论证甚至取消个别建筑物的实施。例如：在长江中游界牌航道航道整治工程中，在初步设计阶段河段的右边滩布置了15座丁坝组成的丁坝群，但在施工图设计阶段，随着丁坝的逐步建设到位，河势及边滩地形发生了变化，工程实施时绝大部分丁坝的实际位置与初步设计时有所不同，丁坝群也由15座丁坝调整为14座。又如该项目的7号丁坝，在施工前的现场踏勘时发现其下游100m处有一个挑流矶头，高水时，矶头前沿水流压缩形成巨大的冲刷坑，坝体恰好位于冲刷坑边沿，不利于坝体安全稳定。为此，建设单位迅速组织有关专家对原设计方案以及下游矶头可能产生的影响进行分析。最后，设计单位根据咨询意见调整了设计方案，将坝轴线向上游移动50m，避开矶头对坝下游的淘刷。

（2）建筑物的尺度和结构的局部调整

在工程初步阶段甚至施工图阶段，由于勘测资料有限，很难全面了解工程局部的地质地貌，特别是水下的地貌，进入枯水期在工程实施时才彻底暴露出来。

有时甚至受到施工水位以及材料供应等影响，不得不对建筑物尺度和结构进行局部调整。如在长江中游罗湖州航道整治工程中，施工时发现东槽洲左缘护坡末段的地下渗流严重，按原设计不仅施工难度大，而且结构也不稳定。通过现场踏勘，建设、设计、监理和施工单位共同研究，决定先清除淤泥，再开挖加强型纵横盲沟，内填充块石和碎石，表层由干砌混凝土块变更为干砌块石。工程实施后经过3个水文年的运行，排水通畅，岸坡稳定，连局部变形也未出现，效果非常好。该项目心滩守护工程的两道潜锁坝，初步设计时坝顶高程为7m，但在东槽洲护岸工程建成后，左汊出现萎缩的趋势，枯水期分流比有所减小。为确保综合效果，兼顾地方航运的要求，在施工图设计阶段通过分析和模型论证，在保证总概算没有大的突破的情况下，适时将两道潜锁坝高程调整到11m，效果较好。另外，在石材供应紧张的地区，在确保结构稳定的前提下，将全抛石坝体结构调整为沙枕填芯、块石护面的混合结构，既满足了进度要求，又节省了投资。这也是根据动态管理的原则而进行的必要的设计优化。

（3）建筑物实施的先后次序的调整（工期优化）

在大江大河的治理过程中，水流条件和河床边界条件十分复杂，工程实施过程中往往出现论证阶段或初步设计阶段时意想不到的河势变化。为控制河势的不利发展，抓住有利时机，确保整治效果，必须根据动态管理的原则，因势利导，对原设计中各建筑物实施的先后顺序进行调整，提前实施具有控导作用的关键工程。如长江中游界牌河段航道整治工程的锁坝就属于此类情况。锁坝工程原计划安排在第三个枯水期实施，但在第一个枯水期项目完工后，锁坝所在的串窜沟冲刷明显，分流比增加，任其发展极有可能出现水流“超后路”的不利情况，势必影响到整个项目的建设效果。鉴于此，建设、设计等有关方面经认真研究，将锁坝工程提前到第二个枯水期实施，及时控制了河势的不利发展，取得了较好的效果。

（4）施工工艺的优化调整

施工工艺的优化调整一般与工程区域的局部河床或地质情况的变化有关。如在长江中游罗湖州航道整治工程东槽洲护岸工程中，按常规的施工工艺一般先进行沉排护底，再抛枕或抛石镇脚。但施工过程中因受到水流强烈顶冲，东槽洲岸坡不断向后崩退，导致水下沉排护底无法进行，对工程质量和进度造成很大影响。为此，参建各方客观分析工程现场的实际情况，没有死搬硬套，而是依据动态管理的原则，调整护岸施工顺序，采取先按一定的边坡抛枕镇脚，待岸坡稳定后再进行沉排，最后再抛石护面的非常规施工工艺。这种动态的调整不仅使工程得以顺利推进，而且实施后的护岸工程经历近两个水文年的考验后能维持稳定。实践证明这种顺应河势，依据客观情况适时地调整施工工艺动态管理作法，对于应对复杂的水流条件，确保整治工程的质量和进度是十分重要的。

4.1.5.3 工程应急与抢险

应急是长江航道整治工程建设中，针对出现的异常情况而采取的非常规的紧急措施。采取这些措施将有利于控制不利的河势条件变化，有利于后续工程的实施，保障建设效果。

由于应急工程具有高度的紧迫性，一旦错失时机将会带来比较严重的后果。因此，需要采取特事特办的原则简化或合并有关程序，为工程实施争取宝贵的时间。

例如：长江下游张家洲南港航道整治工程，在2002年2月6日初步设计部审会上，与会专家根据该水道当时的河势条件认为，工程左岸1号、2号、3号丁坝必须在当届枯水期尽快实施，以确保该水道新洲头及新洲边滩的稳定，控制住有利河势条件。但当时长江已经临近春汛，要保证1号、2号、3号丁坝工程在2002年上半年完成部分坝体工程，必须立即实施水下铺排护底。但是，如果按一般基本建设管理程序要求，组织招投标，并开展施工图设计，2002年上半年工程根本无法开工。为此，部审会期间，交通部水运司领导考虑与会专家意见，权衡利弊，果断决定该工程1号、2号、3号丁坝工程水下铺排和部分坝体工程，可以先期直接发包，立即进行水下铺排施工，抢在春汛到来前完成1号、2号、3号丁坝部分坝体工程。由于该部分工程的及时实施，为后续工程的实施打下了很好的基础。而后续工程的及时完工，不仅稳定了该水道优良的河势条件，同时也节约了工程投资。

工程抢险是指整治建筑物建成后，汛期受到强烈水流淘刷，出现险情而采取的紧急措施。采取这些措施将有利于控制险情的发展，减少损失，保障建设效果。

抢险工程同样具有高度的紧迫性，不容许我们采取正常的基本建设程序进行审批。一般是汛前根据工程实际情况，制订险工治理预案，上报上级主管部门。汛期通过工程观测，发现险情后采取先口头请示，立即按抢险预案组织实施，以最快的速度控制险情发展。险工治理实施后再进行报批或报备。这种险工治理管理模式在长江航道整治工程中已有多年的运作经验。实践证明：这种管理模式显著提高了决策效率，为险工治理争取了宝贵时间，能迅速控制险情发展。在基建程序方面也做到了简而不省，有的放矢。

4.1.5.4 建筑物维护工程

长江航道整治工程从开工到竣工验收一般持续3～5年的时间。一般对于单位工程，一个枯水期即可完成，只要合同规定的各项内容完成，即可申请交工验收。而对于项目竣工验收，按照现行有关规定，需待最后一个单位工程完工后历经一个水文年才能进行。因此，早期建成的单位工程最长要等3～4年时间才能竣工验收，扣除一年的保修期，尚有 2 ～ 3 年时间需由建设单位承担维护的责任。

航道整治工程，由于受到洪水冲刷、采砂等不利因素的影响，建成后出现变形甚至局部损毁是在所难免的事。根据“九五”期及“十五”期若干航道整治工程的统计资料，建设期的工程维护费一般是建筑工程费的 10% 左右，最高的达到 16%。

近年来，随着工程建设与维护并重的观念逐渐深入人心，交通运输部已在项目审批阶段将建设期的工程维护费按一定比例列入工程概算中。长江航道整治工程建设过程中，正常情况下，建设单位每年汛后根据工程水毁情况，组织必要的维护加固，只要未超出维护工程概算，一般在竣工验收前一并报告。如维护费用超出概算,则专题报告向部申请动用预留费用予以解决。按照动态管理的基本原则，整治建筑物的维护工程采取“总量控制、超概申请、分步实施、结果报备”的管理模式,既确保了已建工程效果的持久发挥,也有效地控制了工程投资,效果较好。

4.1.5.5 报批与报备

建设项目按照动态管理的原则而进行的设计优化与调整一般可分三类：一是，涉及项目建设标准的改变、工程概算的突破以及整治效果的变化等，这属于重大设计变更。如：整治河段航道等级从四级提高到三级；分汊河段因原支汊航道变为主汊需调整工程布置的，就属于这种类型。二是，在项目总概算范围内，涉及工程守护范围的变化、建筑物位置（如坝轴线等）的调整以及建筑物较大的结构变更或不影响使用的工期调整等。这属于较大设计变更。如：根据水流顶冲点的变化，将护岸工程守护范围沿岸线向下游延长 300m；因石材缺乏将块石坝体结构由全抛石调整为沙枕填芯 - 块石护面的混合结构等就属于这种情况。三是，指涉及工程局部的、零星的结构调整、工艺优化以及内容、范围的变化。一般来说，实施这种变更将更有利于工程结构安全,或工期缩短,或便于利用有利的施工条件，或兼顾环保、交通及地方合理的需求，而且变更费用调整不大，有时甚至节省投资。这类变更归结为一般设计变更。如：施工期间根据岸坡开挖后的渗流分布情况，增设部分排水盲沟；因施工期水位居高不下，原枯水平台无法进行施工，且影响整个项目在一个枯水期内完成,设计经分析论证,在不影响岸坡稳定的情况下，将枯水平台高程抬高 1m 等。这属于一般性设计变更。

对于上述三类设计变更,在实施动态管理时应根据权责统一的原则,简化程序，区别对待。对于重大设计变更,除应急抢险工程外,一般应按基本建设程序的要求，由建设单位将相关资料和调整方案上报项目原审批部门，实行先报批，批准后再组织实施。较大设计变更由于涉及金额也较大,在进行充分论证分析的基础上（专家咨询、模型论证等），可由长江航务管理局代交通运输部履行审批手续，工程实施后，在动用项目预留费用时向交通运输部一并报告。对于一般设计变更应由建设单位会同参建各方共同研究，适时组织实施，在项目动用预留费时一并报备。

4.1.5.6 工程组织实施

依据动态管理的原则而确定的设计变更，一经有关单位核准，建设单位应按项目管理的有关要求适时组织工程建设。设计单位应根据批准内容，完善设计方案、编制费用预算，出具设计变更文件，经监理和业主审核签认后，交施工单位施工；施工单位应按设计变更文件、相关规范要求调整施工计划，合理配备施工力量，精心组织施工，并定期自检，保证质量；监理单位应对照设计、依据相关规范要求，旁站监督，定期检验抽查，组织分部分项工程验收，确保进度、质量、安全；建设单位应按国家有关规定，对变更内容采取招标、合同谈判或直接委托原施工单位等方式优选施工队伍，并积极协调、加强监督、安排必要效果观测、适时组织交工验收，并调整合同价款，办理费用结算等。

4.1.5.7 项目概算调整

实施动态管理的过程就是在初步设计的基础上，根据河势、河床的变化对原设计方案不断地进行调整优化，批复概算内的各项费用不可避免地会发生增加或减少。因此，项目概算调整是动态管理的一个重要内容。概算调整一般可分为概算内费用调整和总概算调整两种情况。

（1）概算内费用调整

依据动态管理的原则组织工程建设，工程量以及相关费用的调整，客观上难以避免。为了使项目圆满完成，确保工程建设效果，在项目总概算不突破的情况下，允许项目内有关工程费用按实事求是的原则调剂使用，并在建设单位动用预留费时一并上报建设行政主管部门批准。这样一种作法，对于推行动态管理的航道整治工程是十分必要的，也是可行的。

（2）总概算调整

由于推行动态管理，使设计最大限度得以优化，基本上能做到项目总概算不突破，项目总概算的调增一般很少发生。但对于建设周期较长的项目，在建设期内因国家出台政策性调价文件或因外界不可抗力，如汛期特大洪水、地震等异常情况，导致工程建筑物本身或其周边严重受损或严重影响工程整治效果，而且修复上述缺陷或实现整治效果而进行的工程措施将导致工程实际投资超出原批复概算时，调整项目总概算就显得不可避免。此时，建设单位应本着实事求是的原则，向项目原审批单位申请调整概算。调整概算经过上级批准后，应按制订的实施方案和实施计划，尽快组织实施。在调整概算批复前，建设单位应依据动态管理的基本原则采取必要的应急措施，减少或延缓不利情况的发生和发展，尽量减少损失。

4.1.5.8 动态管理的评价

实行动态管理的项目，最后的效果如何，应有一个全面系统的客观评价。对动态管理的评价，原则上是在项目竣工验收前，由建设单位委托具备咨询资质的第三方对整个项目的动态管理进行全面评价。在交工验收阶段，建设单位也可组织质监、监理、设计、施工以及使用管理单位参照竣工验收阶段的评价内容对动态管理的效果进行自评。竣工验收阶段的评价内容一般应包括以下几个方面的内容：

(1) 工程观测

评价工程观测的内容是否系统，观测时机是否合适，观测质量是否可靠，观测分析是否及时及结论是否正确。

(2) 论证决策

应对分析论证过程科学性、合理性以及决策的时效性进行评价。采用模型试验进行论证的，应将模型试验的结论与实际情况进行对比分析，并对模型试验的准确性做出实事求是的客观评价。

(3) 设计变更、应急与抢险

评价设计变更、应急与抢险是否符合论证的结论，手续是否完备，审查过程是否及时，程序是否完善，方案是否可行，是否达到预期的效果。

(4) 组织实施

评价参建各方是否履行各自职责，实施是否及时，措施是否到位，工程质量是否达到要求，实施方案是否体现设计意图。

(5) 投资控制

评价实施动态管理项目投资控制情况，概算执行情况，对于增加投资较多的设计变更应分析其必要性、合理性。

(6) 实施效果

评价建设项目的综合效果，包括技术层面和经济层面。技术层面如航道尺度是否达到设计要求，流速、流态改善的程度，工程布置的合理性，整治建筑物牢固耐久性；经济层面包括项目产生的社会效益和经济效益等。

4.2 航道整治工程动态管理模式的系统框架

(1) 航道整治工程的系统特征

航道整治工程是由筑坝、护岸、护滩、疏浚、炸礁等要素组成的复杂系统，这个系统体现出很强的开放性和动态性。

第一，由于河道滩槽等河道组成单元分布位置的相对变化、工程实施过程中建筑物局部地形冲淤变化、水文条件异常变化等多方面的可变性使得河道自然条件具有复杂多变的特征；

第二，由于航道整治工程无论是设计还是实施，都不可避免地与防洪、采砂、环保以及地方经济建设发生联系，而且也必须尽可能地与外部环境相协调，而外部环境的要求复杂且经常变化，使得航道整治工程的建设外部环境也具有复杂多变性；

第三，由于工程实施的时效性和工程施工工期的时限性，使得航道整治工程具有较强的时效性和时限性的特征；

第四，从动态管理的过程来看，它是以批准的工程初步设计为依据，以现场监测成果为基础，以模型试验和科研分析为手段，适时优化设计施工方案，以达到确保整治效果和建筑物稳定的管理全过程。

从上述四个主要特征可知，航道整治工程体现出系统基本特征中很强的开放性和动态性，因此是一个开放的、动态的系统。

（2）以系统论思想指导航道整治工程动态管理

由于航道整治工程项目是一个开放的、动态的系统，因此，航道整治工程项目的动态管理模式必须与这个系统相适应，才能形成正确的管理模式。

以一般系统论的思想作为研究主线，从项目全生命周期的角度来考察航道整治工程项目动态管理模式的建立。任何航道整治工程项目都有其生命周期，因此，其项目管理模式也必须符合生命周期的观点，而全生命周期本身也是一个系统。

自 20 世纪 60 年代以来，许多学者对系统工程的方法进行了大量的研究，但是要想找到一种能够处理所有问题的标准方法的想法是不现实的。实践证明，尽管没有这样一种通用的标准方法，但总还可以找到一种比较能适应各种不同问题的思想方法。霍尔（A.D.Hall）于 1969 年提出了一种处理系统工程问题的一般方法，称为霍尔模型。霍尔的三维结构体系如图 4–1 所示，它用时间维、逻辑维、知识维这三维空间描述复杂系统分析中在不同阶段时所采用的步骤和所涉及的知识，它是系统工程分析的方法。该三维空间的主要内容是：

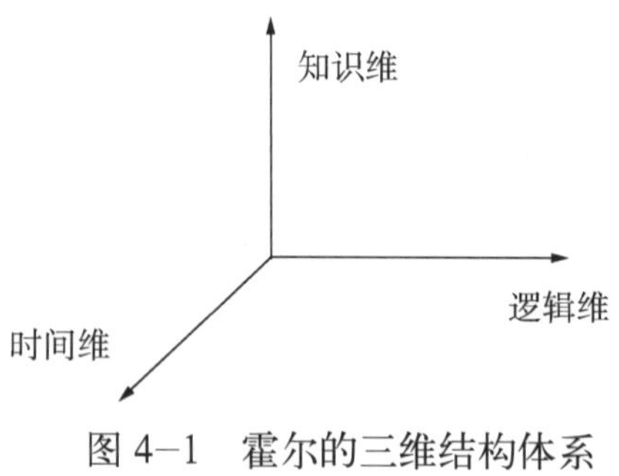

图 4–1　霍尔的三维结构体系

①时间维。三维结构中的时间维，表示系统工程活动从起始阶段到终结阶段按时间排列的顺序。

②逻辑维。三维结构中的逻辑维，是对每一工作阶段，使用系统工程方法来思考和解决问题时的思维过程。

③知识维。三维结构中的知识维，是为完成上述各阶段、各步骤所需要的知识和各种专业技术。

4.2.1　动态管理模式的研究框架

根据航道整治项目的特性，对霍尔的三维结构体系分析方法进行了拓展，从逻辑维度研究了项目逻辑体系，从时间维度研究了项目程序体系，从知识维度研究了项目知识体系，从管理主体维度研究了项目组织结构体系，从管理运行环境的维度研究了项目制度体系。通过这样五个维度的研究分析，系统地、全面地构建了航道整治工程项目的动态管理模式（如图 4–2 所示）。

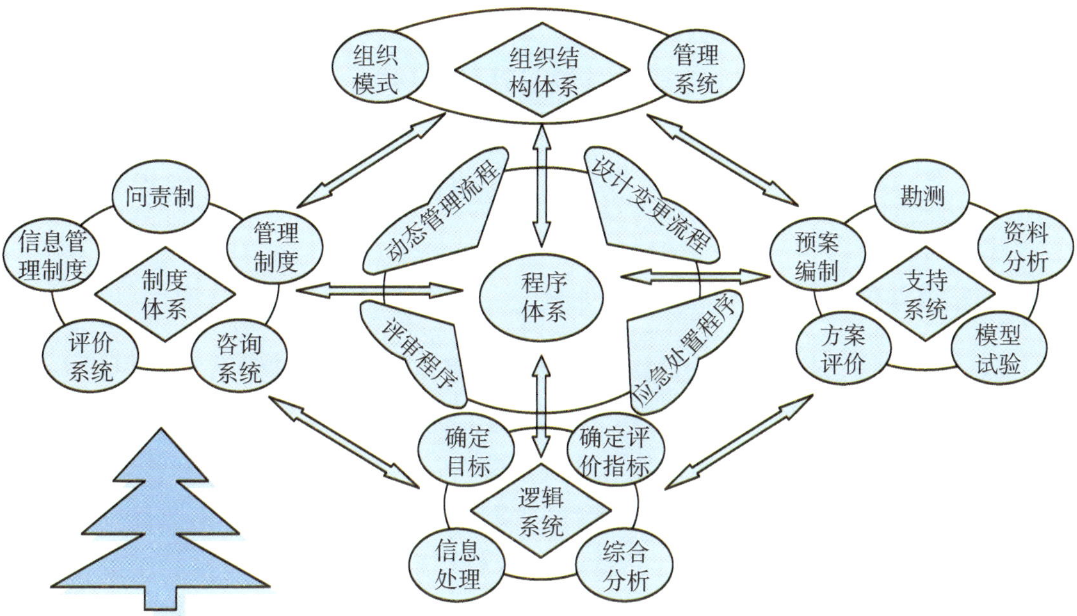

图 4–2　航道整治工程项目的动态管理模式结构图

航道整治工程项目动态管理模式的逻辑维是指在项目动态管理的每一工作阶段，使用系统工程方法来思考和解决问题时的思维过程。对航道整治工程项目动态管理逻辑维的研究体现为对其动态管理逻辑体系的研究。逻辑思维过程包括问题的提出与定义，信息的收集与处理，确定目标及指标评价，进行系统综合与实证分析，最后进行策略优化并产生结论。

航道整治工程项目的实施过程是一个随时间推移的过程，其顺序是由工程项目本身的特性决定的，这就是这个系统的时间维。对航道整治工程项目动态管理模式时间维的研究体现为对其管理程序体系的研究。所谓动态管理程序就是在动态管理过程中，各工作环节应遵循的符合其自身运动规律的先后顺序，它是人们在工程项目动态管理实践中，不断总结经验，对航道变化规律认识不断深化的基础上制定出来的。

航道整治工程项目动态管理模式的知识维实质是航道整治工程项目的动态管理支持体系。在航道整治工程实施过程中，为实施动态管理而进行的勘探、观测、分析、水下探摸、模型试验、预案编制等这些动态管理资源和条件因素的分析评估及所应用的研究方法构成了动态管理支持体系。

任何工程项目都必须有管理主体。管理主体是航道整治工程项目动态管理的要素之一。在项目立项以前的动态管理主体是政府（包括各级政府），在项目立项以后，责任人是项目建设的法人单位。航道整治工程项目在立项前有大量动态管理，在立项后的实施过程中也有大量的动态管理。立项后的动态管理应以项目法人单位为主体。

航道整治工程项目的动态管理环境包括经济环境、社会环境、法制环境等。而现阶段最重要的是法制环境。法制环境要解决的是从制度上保证动态管理的科学化。对法制环境的研究体现为对航道整治工程项目动态管理模式法制体系的研究。

4.2.2 航道整治工程动态管理逻辑体系

航道整治工程动态管理的逻辑维是指在航道整治项目管理过程中的思维方式。根据系统工程理论，逻辑思维过程包括问题的提出与定义，信息的收集与处理，确定目标及指标评价，进行系统综合与实证分析，最后进行策略优化产生结论。

航道整治工程中的问题可分为共性问题和个性问题两种，对于共性问题，多数可通过正常建设程序采取一些措施解决或部分解决，如施工准备问题就属于共性问题，航道整治工程按初步设计文件按单价进行招标，有效地延长了施工准备工作时间。而对于河道变化、对河道及方案的认识等则属于个性问题，每个工程项目面临的问题各不相同。动态管理的逻辑体系就是在各实施阶段过程中研究如何发现和解决航道整治工程中的个性问题。

结合航道整治工程的实践，航道整治工程动态管理的逻辑体系由下述五个步骤组成：

4.2.2.1 发现问题

发现问题是航道整治工程动态管理的起点，在动态管理程序中处于战略地位，是动态管理的首要任务，也是管理者水平与能力高低的主要标志。发现问题应做到及时、准确。航道整治工程动态管理主要从以下几方面发现问题：

（1）自然演变造成的河道剧烈变化，如在东流水道航道整治工程实施过程中左岸沿岸槽的发展造成河势条件的不利变化，就属于这一类；

（2）已实施工程造成河道发生变化，如界牌河段整治工程中随着丁坝的逐步建设到位，河势及边滩地形发生了变化；

（3）由于受到研究方法及技术手段的限制，很多变化在前期研究和设计过程中难以完全预测到或认识清楚，随着工程的进展，人们对河道及工程方案的认识逐步加深，这时，需要根据新的认识，进一步分析原设计方案中存在的问题。

以上是从大的方面提出航道整治工程中可能出现的问题，对于局部出现的问题，在动态管理中也要高度重视，有些小问题中就隐含着有可能发生重大问题的苗头。

4.2.2.2 信息的收集与处理

着手解决问题，总是从收集有关的数据、情报资料开始的，解决问题的整个过程都需要不断地获取新的信息。按系统论方法，应将航道整治工程项目视为系统，信息是动态管理过程中的重要因素，也是基本输入。收集信息的根本目的是用来整理或加工处理得出下述信息：

（1）系统及环境中有关系统的发展变化趋势或运动规律，如河道滩槽等河道组成单元分布位置的相对变化、建筑物局部地形发生变化、水文条件变化等；

（2）用以辨识系统结构、运行、功能及环境的现时状态，如工程河段内出现崩岸，尽管崩岸原因复杂，并不一定与工程有关，但有关部门可能要求调整方案，或增加其他工程措施；如采砂问题，因采区范围或开采深度与采砂规划不一致，引起河道出现较大调整，改变设计和实施条件，也可能迫使设计方案进行调整等；

（3）方案（策略）拟订受各种资源（物质的、政治的、法律的、社会的与生态环境等）的限制，收集信息要确定从哪些方面、在何处、有谁、何时、如何收集以及收集多少。

在航道整治工程中，信息收集的渠道是多方面的，但收集信息的重点为监测与测量，项目单位应制订全面的监测与测量计划，设计单位应根据现场情况提出监测与测量具体要求，并对测量成果进行分析。

信息处理的方法有许多种，但不同的方法对信息做不同层次的处理。应尽量做到滤掉虚假、表面、偶然的因素，航道整治工程项目信息的处理是一项技术性很强的工作，除了应用传统的科学知识和方法外，应重点考虑按照一定程序借助电子计算机等手段进行。

对于信息的处理要及时，信息要及时汇总到项目单位和设计单位，设计单位应对信息及时分析，提出分析结论并上报项目单位。

4.2.2.3 系统分析论证

经初步分析的信息资料应由设计单位及时进行系统分析论证，必要时可进行数学模型或物理模型试验，然后提出处理方案。航道整治工程的系统分析论证步骤包括：分析河道地形及水流现实状态；研究、论证河道发展变化趋势或运动规律；对原设计方案及施工顺序进行适应性分析；提出处理意见，即当原方案及施工顺序仍可适用时，则不需进行调整，当原方案或施工顺序已不完全适用时，则提出调整意见。

4.2.2.4 方案优化与决策

对航道整治工程中的调整意见或调整方案，建设单位应尽快进行咨询和审查，然后按处理权限尽快决策。

4.2.2.5 实施

上述步骤科学地完成后，应按项目管理程序尽快组织实施。

4.2.3 航道整治工程动态管理的程序体系

在系统论中，时间维表示系统工程活动从起始阶段到终结阶段按时间排列的顺序，例如，在项目实施过程中编制施工网络图，以使各工序合理衔接，便是应用系统工程理论控制时间维的一种具体体现。航道整治工程实施过程是一个随时间推移的过程，由工程项目特性决定的各工作环节应遵循的顺序就是这个系统的时间维。

航道整治工程是在复杂的自然环境中进行的，受众多因素的影响，由于受到研究方法及技术手段的限制，很多变化在前期研究和设计过程中难以认识清楚或准确预测，只有随着工程的进展，这些变化方显现出来，人们对河道及工程方案的认识也随之逐步加深，需要在工程实施过程中，及时根据新的变化和认识，对工程方案及施工顺序进行优化，这也是航道整治工程在程序体系上的特殊性，程序体系应体现各工作环节的动态性，各工作环节除受到有关法规、规定及管理办法的严格控制外，还应能够根据实际情况的变化通过动态管理不断优化。即航道整治工程实施阶段的动态管理在时间维度上应当体现，随着时间的推移，根据实际情况及科学的论证对各工程环节的衔接及内容进行优化。

近十多年来，长江中下游已有数个水道实施了航道整治工程，长江航道整治实施阶段逐渐形成了一套较完整的工程管理流程，从开工至竣工验收管理的基本流程见图 4–3。这一基本流程既符合基本建设程序，也基本满足航道整治工程实际的需要，存在的不足是各工作程序中涉及动态管理的具体内容、要求、各参建方职责及权限不够明确。在实际管理过程中，不同管理者有不同的理解和要求，容易造成管理者缺失或管理的随意性。因此，动态管理模式并不需要否定或改变以往的管理流程，而是要在总结以往的经验和教训的基础上，从系统论的角度加以整理和归纳，进一步完善和明确这一流程各工作环节中涉及动态管理的内容、要求，构建合理的动态管理组织结构，明确参建各方在动态管理中的职责和权限，形成一套完整的动态管理程序，并加以规范化和制度化，使之能更好地适应航道整治工程管理的要求。以下结合已实施的航道整治工程来分析动态管理流程中各工作程序中涉及动态管理的主要内容和要求。

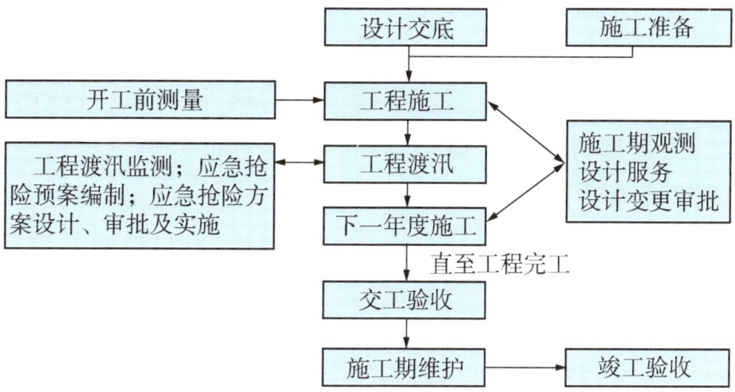

图 4–3　航道整治工程实施阶段动态管理基本流程图

4.2.3.1　设计交底

航道整治工程由于其特殊性，如河道地形的变化、先期实施工程的影响等，常造成施工图设计方案与初步设计方案有一定区别，设计单位在设计交底时，除需按常规进行技术交底外，还应按动态管理的要求，对施工图设计阶段方案优化的原因、思路进行交底，以方便参建各方对工程有更深入的理解，更好地参与到动态管理之中。

4.2.3.2　施工组织设计编制

施工组织设计编制除按常规要求编制外，还应按照动态管理的要求编制相关内容及有关预案。

与此同时，监理单位也要按照动态管理要求编制监理大纲。

4.2.3.3　施工准备

在目前的技术条件下，航道整治工程施工受到水位的限制，具有很强的时限性，而长江年内水位的变化是不可能准确预测的，因此，为了保证当年工程的顺利实施，减少施工期间的设计变更，施工准备是否及时、充分尤为重要。在以往的工程中，就发生因施工单位前期准备不足，当水位退落到施工水位时而不能及时进场，导致工程当年不能施工，经过一个汛期后，由于河床发生冲刷，又被迫进行设计变更，工程量也有所增加的情况。施工准备阶段的动态管理要求是：

提前做好进场准备，人、机、物准备充分，一旦水位符合施工条件，立即进场施工，尽可能延长有效施工时间。

4.2.3.4　工程施工

工程开工后，必须严格按施工图进行施工，同时也要根据动态管理的原则进行管理，工程施工阶段的动态管理要求是：

(1) 参建各方要加强工程观测，根据施工情况及施工期间观测资料及时发现工程中出现的问题，并及时上报。

(2) 设计变更及审批应及时。一方面，由于航道整治工程具有很强的时限性，设计变更及审批不及时，往往压缩了后续工程的施工时间，造成后续工程抢水位施工，影响了工程进度和质量；另一方面，如果设计变更及审批不及时，河道又发生了新的变化，将被迫再次进行设计变更。

(3) 对整治效果、工程投资或后续工程影响较大，且施工受水位影响严重，如不及时实施则可能造成严重后果的项目，必要时可作应急工程提前实施，相关程序可按应急工程处理。

4.2.3.5　设计变更

在动态管理中，设计变更流程是一个十分重要的程序，通过研究初步对设计变更流程进行了规范，设计变更流程如下：

项目单位、设计、监理及施工单位任何一方都可及时掌握一部分的河道变化和建筑物稳定性的信息，但各方又不可能随时掌握所有的相关信息，因此，在工程实施过程中，参建各方均有义务根据本单位所掌握的信息，对河道的变化及建筑物的稳定进行分析，出现新的情况时应及时反映或提出设计变更申请。

变更申请提出后，项目单位及设计单位应及时进行研究，如果认为有必要进行设计变更，则设计单位提出设计变更方案并进行必要的论证、核算，编制设计变更文件提交项目单位。

为规范动态管理，防止工程变更的随意性，需加强对设计文件变更程序、手续的管理，明确审批权限。

(1) 设计变更分类

设计变更是指初步设计批准之日起至通过竣工验收之日止，对批准的初步设计文件、技术设计文件或施工图设计文件所进行的修改、完善等活动。根据长江航道整治工程的特点，设计变更可分为重大设计变更、较大设计变更、一般设计变更。

①重大设计变更。有下列情形之一的属于重大设计变更：

A. 建设标准调整的。

B. 整治汊道发生变化或整治线路发生重大变化的。

C. 长河段治理工程中增加或取消对某一水道（滩段）治理的。

D. 超过初步设计批复概算的。

②较大设计变更。有下列情形之一的属于较大设计变更：

A. 整治参数发生调整。

B. 工程平面布置发生较大改变的。

C. 新增或取消疏浚、炸礁工程，调整工程费用超过 300 万元的。

D. 主体建筑物结构发生较大变化。

E. 设计变更工程费用变化在 500 万元以上，但总投资仍能控制在批复概算以内的。

③一般设计变更。除重大设计变更和较大设计变更以外的为一般设计变更。

（2）设计变更文件的编制单位及深度

设计变更原则上由原设计单位编制，特殊情况下经原设计单位书面同意，建设单位也可以委托其他具有相应资质的工程设计单位出具变更文件，出具变更文件的单位应对该设计变更文件承担相应的责任。鉴于航道整治工程的特殊性，一般情况下，对于涉及工程平面布置，整治参数的设计变更必须由原设计单位出具。

设计变更通知单应明确说明设计变更的理由、变更的内容、工程量变化。重大设计变更应达到施工图设计深度，必要时应通过模型试验验证；较大设计变更应对变更理由及变更内容进行较充分的分析论证，提供必要的计算和模型试验数据。

（3）设计变更单价的处理原则

设计变更工程费用分合同清单内和清单外变更两种类型。凡招标文件工程量清单（不论工程量是否为零）中的项目均属合同清单内项目，否则为合同清单外项目。合同清单内变更又分为工程量变更和单价变更；清单外变更是合同新增项目,其工程量和单价均需进行批准。具体设计变更的处理按相应合同条款约定执行。工程设计变更费用的确定一般应按以下原则进行：

①合同清单内的分项工程，应按合同单价调整费用；

②与合同清单内类似项目的单价，按类似项目单价进行换算；

③合同清单外的分项工程，由施工单位编制估价表计算费用，报监理审查，经建设单位批准。

（4）设计变更审批程序

重大设计变更由建设单位初审同意后，报交通运输部审批。

较大设计变更由建设单位初审同意后，报长江航务管理局审批，同时向交通运输部报备。

一般设计变更由建设单位负责审批。对于施工现场发生的一般较小问题，为保证施工的顺利进行，设计代表可在现场与有关各方进行研究后，立即确定设计变更方案并进行交底，随后再完善有关手续。

应急处理设计变更应及时审批，一般由建设单位负责审批，但如果变更内容已属于较大设计变更范畴，审批前应向长江航务管理局汇报并征得同意，建设单位审批后向长江航务管理局报备；如果变更内容已属于重大设计变更范畴，审批前应向长江航务管理局、交通运输部汇报并征得同意，建设单位审批后履行相关手续。设计变更程序见图 4–4。

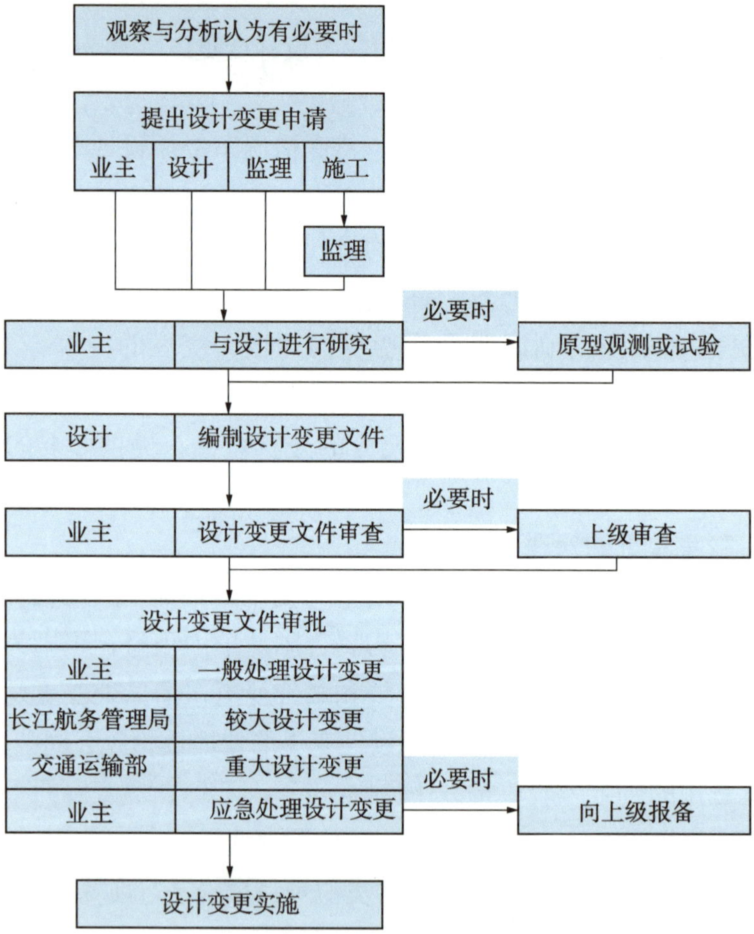

图 4–4　设计变更程序框图

4.2.3.6　工程度汛

工程度汛是长江航道整治工程实施中一种特有的情况，也是工程建设中的一个环节，工程度汛阶段的动态管理要求是：

（1）工程度汛前应编制汛期观测计划和应急抢险预案，作为实施动态管理的依据。

（2）应急抢险方案设计、实施应及时。由于整治建筑物在汛期一旦发生问题，则可能迅速发展，造成严重后果，因此，应急抢险方案的实施应与一般工程相区别，在动态管理中从制度上、组织上保证实施及时。

任何航道整治工程项目都必须有动态管理主体。动态管理主体是航道整治工程项目动态管理的要素之一。在航道整治工程项目动态管理活动中，项目的投资效果和建设效率是两个重要的指标。而动态管理组织结构对项目动态管理的效果和效率起着显著的影响作用，特别是在航道整治工程项目动态管理面向不确定环境时，一个结构合理、适应能力强，对环境变化跟随效应好的动态管理组织结构和在此基础上建立起来的管理模式比以往任何时候都显得重要。

4.2.3.7　动态管理组织结构概述

动态管理组织结构体系是航道整治工程项目动态管理的重要子系统。

动态管理组织结构反映了动态管理主体与项目动态管理相关要素相结合的结构形式，即动态管理活动中各种职能的横向和层次的划分。

动态管理组织结构是实现项目动态管理的目标分设的若干职权分明的动态管理层次和动态管理机构的有机组合体。

动态管理组织结构具有目标一次性、原则的统一性、资源的有机结合性、活动的协作性、结构的系统性等特点。

动态管理主体为实现项目动态管理目标需要对动态管理组织结构进行设计，动态管理组织设计是在特定的环境中，把动态管理组织的任务与动态管理组织的职能、部门职权和规范进行有效的结构性配置的过程。动态管理贯穿组织的各个层次和职能，贯穿管理的各个方面和整个过程。抓住动态管理这个中心，组织管理就可以找准方向，抓住重点。

在航道整治工程项目的全生命周期中，项目动态管理组织的形成是项目启动的重要环节，动态管理组织设计的基本要求和原则是：

（1）有利于实现组织目标的原则。

（2）整体协调的原则。

（3）突出重点的原则。

（4）因事设岗的原则。

（5）权责结合的原则。

（6）规范化、标准化、制度化的原则。

合理的动态管理组织结构应该是：目标一致性和动态管理的统一性相结合；

管理幅度与管理层次相协调，责任和权利相对等；分工合理和密切协作；集权与分权相结合。

（1）动态管理组织结构体系与项目动态管理的关系

航道整治工程项目的动态管理是对项目未来实践的方向、目标原则以及方法和措施所做的决定。它存在于动态管理组织结构的各个层次和各个方面。项目动态管理不仅是项目管理的中心，还是项目管理中的一种过程行为和群体行为。动态管理是一个包含了问题的发现、信息收集与处理、方案拟定、方案选择、方案传递、方案执行等不同步骤的连续统一过程，它直接或间接地牵涉项目组织的各个层次和部门，这表明，项目的动态管理不可能离开动态管理组织结构体系而独立运行。这一特征在航道整治工程项目动态管理中表现得尤为突出。

在项目组织结构中，动态管理是通过动态管理主体或称动态管理机构来实现的。项目组织结构包含结构因素和关联因素两个部分。结构因素是项目动态管理组织结构中的基本因素。它包含动态管理主体，权力分配、命令反馈链、正式沟通渠道。关联因素是对项目动态管理运行有影响的组织因素，包括非正式沟通、领导和下属的成熟度、组织文化和规章制度等。各个因素相互影响、相互作用。一个好的动态管理主体，离不开这些因素共同的协调性和相互适应性。

（2）组织模式

交通运输部负责全国航道建设的行业管理。具体负责长江航道建设项目的初步设计文件审批、开工备案、竣工验收以及招标投标等项目实施过程中的监督管理工作。

长江航务管理局系交通运输部在长江干线的派出机构，代其行使长江航道建设的监督管理职能。

长江航道局作为项目单位是工程建设的直接责任人。

以上三者相互责任关系，是建立航道工程建设项目动态管理组织模式的基础。

目前，航道整治工程动态管理的组织模式是以项目单位为核心建立起来的，包括上级主管部门、项目单位、设计单位、监理单位、施工单位、质监部门等。从管理不同层面来看，这些单位在不同的管理层面起着不同的作用，其中，交通运输部、长江航务管理局和项目单位组成了建设项目的决策系统，建设、设计、施工、监理等单位组成了建设项目的实施系统，勘测、模型试验、咨询、质监等单位组成了建设项目的支持系统。在这种组织模式中，建设单位作为动态管理的主体，在动态管理的各项环节中，始终处于主导地位。目前的这种组织模式是适应建设项目正常管理需要的。但为了适应动态管理的要求，这一组织系统包括管理职能需进一步充实。

①动态管理最基本的要求之一是要保证决策的科学性和及时性，既要避免动态管理过程中决策的随意性，又要避免为了保证决策的科学性而产生的层层上报、层层审查、审批造成决策不及时的现象。因此，借鉴长江中游界牌河段航道整治工程中的管理经验，在项目实施阶段成立一个动态管理咨询决策组，动态管理咨询决策组由项目建设主管单位组织成立，一般由项目建设主管部门、项目单位、工程技术专家组成，负责对动态管理中的重大问题提供咨询决策。

②突出动态管理的全员性。目前组织模式中虽然包括了监理单位、施工单位，但对其动态管理的要求不够明确，在实际航道整治工程实施过程中，监理单位、施工单位缺乏参与动态管理的主动性，而这两个单位是与施工现场联系最密切的，往往能够及时发现问题，因此，应该明确监理单位、施工单位在动态管理中的职责，使参建各方均参与到动态管理之中。

（3）职责划分

以下的职责划分仅是对有关单位参入动态管理工作的职责划分，而不是全部的职责。

①项目单位职责。

项目单位是航道整治工程建设实施阶段动态管理组织者和责任执行者，是动态管理的主体。主要职责是：对工程项目组织实施和监督管理，并开展工程动态管理的一切科研组织工作，使工程建设方案在实施过程中最优化，保证航道工程建设效果。

项目单位应组织工程设计单位加强对工程效果的观测和研究。在工程实施阶段河势有变动，会影响到原工程设计方案整治效果时，要及时提交动态管理咨询决策组讨论，做出决策。需要进行重大修改、调整和设计变更的，应及时组织上报。

项目单位应积极做好工程外部环境协调，保证工程项目建设顺利实施完成，确因航道工程建设对防洪和周边环境产生影响时，应与工程设计单位共同商讨，提出修改方案，并及时上报。

项目单位应及时组织对应急抢险工程的审查，并及时组织实施，在实施后按照设计变更管理要求将实施情况向建设主管部门报备。

②审批主管部门职责。

建设项目上级主管部门或其授权的组织，是建设项目实施阶段工程建设方案调整的审批单位，其主要工作职责是积极参与工程项目动态管理，及时了解工程项目进展，掌握工程建设治理效果，对工程建设项目单位上报的工程设计变更方案及时做出审批意见，涉及工程重大设计方案的修改和调整，应及时组织审查和批复。

动态管理咨询决策组经授权可对项目单位提出的设计变更方案进行审定，并由项目单位按照程序办理报备手续。

③设计单位工作职责。

设计单位是工程动态管理的主导部门，工程设计方案对航道整治工程治理效果起到直接作用。工程设计方案一定要坚持科学合理的原则，不能按工程资金限额设计，更不能按领导意愿设计。设计单位在航道整治工程设计中，应坚持科学动态设计理念，根据河势调整变化，不断地优化工程设计方案，以最少的工程投资，达到最好的航道整治效果。

设计单位应对工程的整治效果负责，在工程实施期间，全过程跟踪分析工程整治效果，应有计划做好河道原型观测，及时收集相关河势变化和工程进展资料，科学论证分析，预测河势变化趋势，必要时可向项目单位提出增加物理模型或数学模型试验，及时提出设计变更方案、工程进度及施工顺序的修改和调整方案，同时应保证设计变更的及时性，避免因设计变更的延误而导致工程不能顺利实施。

④监理单位工作职责。

监理工程师是工程施工现场监督管理者，对工程施工现场非常熟悉和了解，因此驻地工程现场监理工程师有责任做好工程施工记录，正确反映工程实际情况，为工程动态管理提供可靠依据。

由于河道稳定是相对的，而变化是绝对的，而有限的测量是不可能完全反映出河道的变化，因此，在航道整治工程实施期间，现场监理工程师有义务对河道的变化进行跟踪观察分析，一旦河道出现设计文件未预测到的变化时，应及时向项目单位反映，这也是航道整治工程特殊性的一个具体反映。

⑤施工单位工作职责。

施工单位在工程建设中，除了应依据施工图设计施工，严把工程质量关，做好工程质量记录，为工程效果验证分析提供依据外，还应积极参与到动态管理之中来，有义务根据现场观察和中间测量资料，对河道的变化进行跟踪观察分析，特别是工程区域发生的变化，施工单位往往掌握第一手资料，能够在第一时间发现，对于出现任何较大的变化，或者虽然轻微但趋势不利的变化均应向监理和项目单位反映，特别不能因为河道变化有利于施工单位节省投资而隐瞒不报。

动态管理组织结构体系如图 4–5 所示，图中主要列出了动态管理组织结构中的主要责任单位，至于支持系统中的有关单位将在支持系统中进行探讨与表述，此处不再赘述。

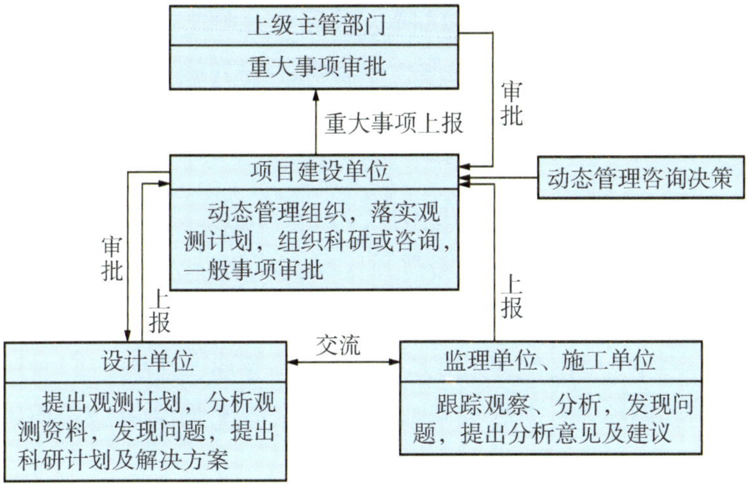

图 4–5 动态管理组织结构体系图

4.2.4 航道整治工程项目动态管理的支持体系

航道整治工程项目的知识维实质是航道整治工程项目动态管理支持体系。对动态管理所作的勘测、观测、分析工作、模型试验、预案的编制及动态管理评价等工作内容及所应用的研究方法构成了动态管理支持体系。

4.2.4.1 勘测工作

(1) 目的

勘测工作的目的是为了获取整治工程实施前后河道地形、水流结构及泥沙输移、建筑物结构及周围局部河床变形的实测资料，全面掌握河道及建筑物的变化情况，为适时采取工程措施提供基础资料和设计依据。

(2) 内容

①工程全河段原型观测，一般包括河段两岸堤线以内地形（包括退水出露的滩地地形)、水文及泥沙测验。而水文及泥沙测验又包括以下几个方面：

A. 水文断面水深、流速及分布、流量；

B. 断面悬移质及河床质取样、颗粒分析；

C. 表面流速流向线；

D. 断面瞬时比降观测。

②局部地形观测，一般包括：

A. 整治建筑物周围局部河床地形的观测；

B. 崩塌河岸的局部河床地形的观测。

③整治建筑物形态观测，一般指整治建筑物结构性损毁状况的观测。一般包括：

A. 护底、护滩排变形观测；

B. 坝体设计断面的变形、坝体沉降、位移等观测；

C. 护岸工程的稳定性（边坡变形、平台塌陷等观测）；

D. 其他整治建筑物结构变形观测。

（3）要求

①一般情况下，全河段观测图比例尺为1:10 000，工程局部地形观测图比例尺为1:500 ~ 1:2 000。工程局部水毁严重区域需采取加密测量或采取多波束扫测。

②水文、泥沙观测时间与河道地形测量同步。

③高水位时应巡视整治建筑物的局部流态、变形、水毁，以及工程影响范围内河床边界的异常变化，巡视周期可视工程具体情况加以规定，原则上每周巡视不少于1次，以便及时发现问题。

④勘测、观测工作需由具有相应资质的勘察单位承担。

（4）手段

全河段及工程局部地形观测一般采取测深仪及陆上走尺测量；整治建筑物结构水毁情况一般采取水下探摸、多波束扫测、水下摄影、巡视、拍照、摄影等方式。水文及泥沙测验按相关规范采取相应的手段进行。

（5）安排

①全河段观测时间一般安排在施工前及全部单位工程交工验收前每个年度的汛后。

②工程局部地形观测一般安排在汛后、后续工程开始施工前；度汛抢险工程的局部地形观测则按破坏情况及时开展。

③整治建筑物勘测一般安排在枯水期。

④高水位非施工期对工程及工程影响范围进行例行巡视。

4.2.4.2　资料分析工作

（1）观测资料必须及时提供给工程设计单位，并确保资料的可靠性、准确性。

（2）工程设计单位根据具体项目的特点进行分析，如需要采取工程措施的，则须提交分析、设计报告，主要内容包括：

①河势的稳定性。

②工程区段河床变化、航道条件的变化及产生原因。

③整治建筑物变形、水毁程度及产生原因。

④工程影响范围内河岸的冲淤变化及产生原因。

⑤不良地质的分布及特点。

⑥方案设计。

⑦结构设计、施工工艺。

⑧工程量、建筑工程费。

(3) 发现重大问题需提请专家组、相关部门进行研讨，并制订对策。

4.2.4.3 预案编制

(1) 编制预案是保证航道整治工程动态管理迅速、有序、有效地开展工作的重要措施之一，预案的类型可根据项目的特点确定，一般包括度汛预案、整治建筑物交工验收后维护预案，如果涉及炸礁工程则还应编制危险化学品事故应急救援预案。

(2) 预案从编制到实施过程中，参建各方均应广泛参与，在编制要求上，要做到明确职责、明确程序、明确能力和资源，确保在发生重大事故（件）或灾害时，可迅速、有序、有效地开展应急行动。度汛预案由设计单位主编，施工及监理单位参与，项目单位审定；整治建筑物交工验收后维护预案及危险化学品事故应急救援预案由施工单位主编，设计及监理单位参与，项目单位审定。

(3) 度汛预案及整治建筑物交工验收后维护预案的编制过程中，应与模型试验相结合，分析潜在的危险因素，合理确定观测内容及重点观测部位。

4.2.4.4 模型试验

在项目实施阶段，模型试验应根据项目的进程跟踪服务。

(1) 施工图编制时，模型试验不但要根据最新地形对初步设计总体方案进行优化，还应重点研究建筑物局部水流特性及河床冲刷试验、施工进度安排试验，为结构设计及工程分期实施提供依据。

(2) 分期进行施工图设计的工程，一般情况下，每期施工图设计时均应根据最新地形进行模型试验，一方面对工程方案进一步验证，同时，对工程方案进一步优化。

(3) 模型试验还可为水下探摸方案制订及预案的编制提供依据。

4.2.4.5 动态管理的评价

在项目交工、竣工时应对动态管理的效果进行总结，主要应包括以下几个方面：

(1) 勘测工作合理性评价。包括设计阶段的勘测工作，工程实施过程中对河势、建筑物稳定性或其他观测工作。

(2) 对工程实施过程中勘测资料分析的及时性和合理性。

(3) 设计变更程序的合理性。

(4) 设计变更是否及时、合理。

(5) 设计变更的执行情况。

4.2.5 航道整治工程项目动态管理的制度体系

航道整治工程项目的动态管理环境包括经济环境、社会环境、制度环境等。

而现阶段最重要的是制度环境。制度环境要解决的是从制度上保证动态管理的实施和科学化。

4.2.5.1 在航道整治工程中实施动态管理程序的制度化

航道整治工程由于其特殊性，在项目实施阶段除了遵守国家相关的基本建设程序，还需要进行动态管理，为了使动态管理合理化、制度化，就需要上级部门颁布相关的管理办法或规定，结合动态管理研究编制《航道整治建设项目实施阶段动态管理办法（建议稿）》，经有关部门组织修订审查后颁布，可用于指导今后的航道整治工程动态管理。

4.2.5.2 项目动态管理程序的制度化

项目动态管理过程是一个有规律的系统分析和研究的过程。科学的动态管理程序揭示了动态管理活动的必然过程，是动态管理固有规律的必然反映，也是项目动态管理具有科学性的一个重要保证。动态管理过程的每个步骤都有特定的要求和具体内容，它们相互配合构成了一个完整的体系。

4.2.5.3 航道整治工程项目动态管理的问责制度

建立问责制度是航道整治工程项目动态管理的一种必要制度。它有利于切实加强航道整治工程项目的监督管理，提高项目动态管理的质量。

在问责制度下，项目管理、工程咨询、设计、建设管理等部门和单位，都应有相应的责任约束，对不遵守法律法规给国家造成重大损失的，要依法追究有关责任人的行政和法律责任。特别应该强调的是，应加强工程咨询机构和专家的独立性，参与项目咨询的专家也要承担相应的责任，这样才能真正发挥咨询工作的作用。

完善问责制度还必须以完善政府投资制机制为配套。投资主管部门、财政主管部门要依据职能分工，对项目的管理进行相互监督；审计部门要依法全面履行职责，进一步加强对项目的审计监督，以提高项目管理水平和投资效益及规范项目的投资管理活动；执法部门要认真贯彻实施有关法律法规，加强执法检查，以提高投资效益。

4.2.5.4 项目动态管理信息系统的制度建设

（1）信息对实现动态管理科学化具有重要意义

信息越真实、越全面、越准确、越及时，项目动态管理主体思维的广度和深度也越大，动态管理的科学性也就越强，准确性就越高，成功率就越大。如果不重视信息在项目动态管理中的作用，依照片面、失真、甚至是虚假、杜撰的信息而进行的项目动态管理不仅难以达到预期的投资效果，甚至会造成动态管理失误。

（2）实现项目信息系统现代化的制度建设

项目动态管理的信息系统是指由从事项目信息搜集和处理的机构、人员及信息沟通渠道所形成的有机整体。其任务是通过实地考察，获取第一手信息，或者将来自不同信息源的项目信息集中起来，进行科学的加工和处理，然后将信息传输给项目动态管理中枢系统和咨询系统，为中枢系统和咨询系统的动态管理工作提供信息服务，如图 4–6 所示。

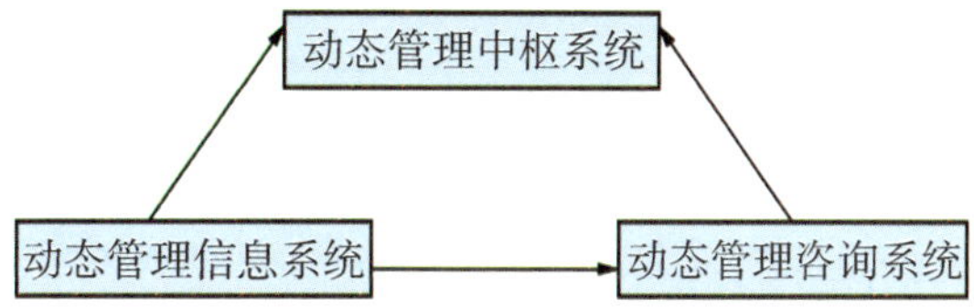

图 4–6　动态管理信息系统与中枢系统、咨询系统的关系

已有的工程实践表明，项目信息系统已在航道整治工程项目动态管理过程中发挥了很大作用，信息系统承担了大量的工作，参与实地考察、搜集、整理、分析了大量的情报信息，为项目动态管理的制定提供了尽可能全面、准确、有效、科学的信息。

实现信息系统现代化的制度建设主要有三个途径：一是加强硬件方面的建设，即为信息系统配置现代化、先进的信息管理设备，为项目信息渠道的准确、及时、有效、畅通提供必要的保障；二是引入科学的信息处理方法，学习先进国家和组织的项目管理及信息处理方法，减少信息传递的失真衰减对动态管理带来的影响；三是引入责任机制，增强信息系统内工作人员的法律意识，明确因提供的信息失真、失实、失全而造成项目动态管理失误所承担的法律责任。

4.2.5.5　航道整治项目动态管理后评价工作制度化

项目后评价工作制度化是改进项目投资效益，提高实现动态管理和管理水平的主要措施。建立后评价制度，尤其是在法律上保证后评价结果的使用机制，把公正、可靠、权威的后评价结果作为追究管理失误责任的重要依据，将会有效地对动态管理者的动态管理行为进行客观、公正的评价，依法实行对管理者的有效监督，使管理失误追究制度落到实处，有利于避免动态管理失误。它是确保投资责任落实，保证执行管理失误追究制度的重要手段。后评价也将有助于更好地设计未来的项目，增强项目后续能力和改进执行方法及合理地进行动态管理和减少不必要的损失，只有将后评价强制化、制度化，才能及时总结经验教训，提高航道整治工程项目动态管理质量。

通过明确航道整治工程项目后评价的法律地位，强制性地对所有的航道整治工程项目全部实施项目后评价工作，有利于强化对动态管理主体的法律约束，保证航道整治工程项目动态管理的科学化。

5　长江航道整治工程动态管理案例分析

5.1　长江界牌河段航道整治工程动态管理案例

5.1.1　工程概况

长江界牌河段位于长江中游城陵矶以下约 20km 处，下距武汉约 180km。上起杨林山，下至石码头，全长 38km。长江中游界牌河段综合治理工程示意图如图 5–1 所示。

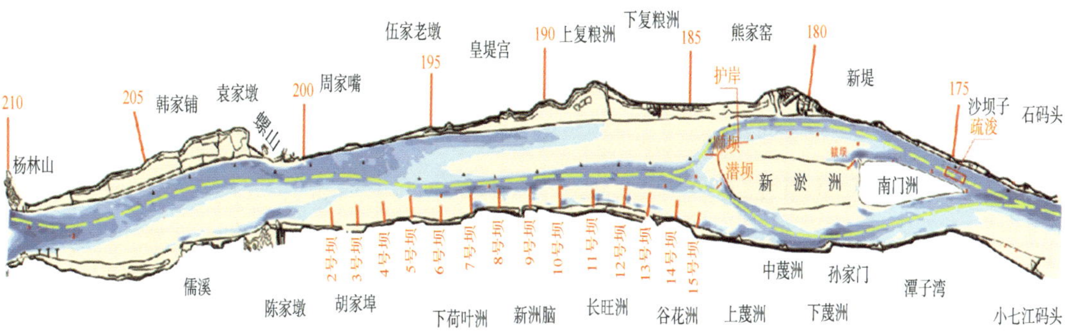

图 5–1　长江中游界牌河段综合治理工程示意图

界碑河段属长顺直放宽河道，以过渡段周期性上提下移为演变特征，导致界牌河段航槽不稳定，几乎年年要靠调标、爆破及疏浚才能勉强维持通航，枯季大型船队须减载才能通过该河段。另外在防洪方面也存在堤岸崩退等隐患，严重威胁着两岸人民群众的生命财产安全。因此，首先由交通部门提出的航道整治工程后来发展为交通、水利部门联合进行的综合治理工程。

根据 1986 年 4 月 9 日国家经济委员会、国家计划委员会经交〔1986〕201 号文《关于成立长江界牌河段整治协调小组和报送综合治理方案的通知》，1986 年 8 月成立了界牌河段综合治理技术小组，1989 年 9 月由水利部长江水利委员会、交通部长江航务管理局、湖南省水利水电厅、湖北省水利厅共同完成了《长江中游界牌河段防洪护堤、航运综合治理工程可行性研究报告》。根据整治方案对防洪的影响和工程效果及工程量、工程难度，以及模型试验成果等选定枯水双槽整治方案（第三方案）为推荐方案，并进行了整治工程设计，整治工程设计包括固滩导流及丁坝工程、护岸工程及洪湖港进港航道疏浚工程三部分。

工程可行性研究的主要结论为：目前，界牌河段正处于实施综合治理的有利时机，从防洪、航运和洪湖港目前存在的问题和长远需要出发，界牌河段的综合治理是十分重要和急迫的，工程宜及早批准开工。

1993 年 6 月 12 日，国家计划委员会以计交〔1993〕967 号文向交通部、水利部下发了《关于长江界牌河段综合治理工程可行性研究报告的批复》。

1994 年 4 月，由长江航道局规划设计研究所完成了《长江界牌河段综合治理工程航道整治初步设计》。1994 年 6 月，由水利部长江水利委员会、交通部长江航务管理局完成了《长江中游界牌河段综合治理工程初步设计报告》。

初步设计在 1993 年 11 月河道地形图上进行了工程布置，设计提出方案 1、方案 5 共两个总体布置方案，两方案区别在于鱼嘴和过渡段位置不同：方案 1 过渡段及鱼嘴位置较上。当时河道过渡段位置偏下这一客观条件，方案 1 的控制效果较好，但施工条件较差，与通航矛盾较大。初步设计中航道整治工程按方案 5 设计，同时指出：界牌河段综合治理工程属动态工程，在施工图设计阶段和工程实施过程中，应根据河道变化情况进行必要的调整，若在实施过程中河势有利于方案 1 的实施，亦可考虑按方案 1 的工程布置进行局部调整。

1994 年 9 月 13 日至 16 日，交通部、水利部在北京联合召开了长江中游界牌河段综合治理工程初步设计审查会，有关审查意见为：目前界牌河段的河势正向不利的方向发展，抓紧时机，尽快组织该工程的实施是十分必要和紧迫的；原则同意航道整治工程平面布置；鱼嘴工程处于迎流顶冲部位，是整治工程中的关键性环节，在工程的实施过程中，要依据河势演变的最新态势，确定实施方案；右岸上边滩固滩丁坝群的 1 号、2 号、3 号丁坝的设计和 13 号、14 号、15 号丁坝的布置及实施时机，可在施工图阶段作进一步研究选定，等等。

界牌河段综合治理目标：界牌河段综合治理总目标是防洪护堤、改善航道。在尽量不抬高城陵矶防洪水位、不改变新堤夹水道河势演变现状的前提下，固滩护堤，巩固有利河势，稳定过渡航槽，保障防洪安全，满足航运要求，尽可能改善洪湖港航行条件。

航道整治工程建设标准和规模为：

设计航道尺度：3.7m × 80m × 1 000m（水深 × 航宽 × 弯曲半径）。

水深保证率：98%。

航道等级：Ⅰ级。

代表船队：万吨级油运船队。

代表船队尺度：193m×31.4m×3.3m（长 × 宽 × 吃水）。

航道内设计流速：<3m/s。

整治建筑物数量：15 座固滩丁坝、1 处导流鱼嘴、1 座锁坝、洪湖港进港航道疏浚工程以及建设期的维护工作。

5.1.2 施工期河道观测情况

界牌河段在施工图设计阶段进行了大量观测，主要包括：

（1）根据对河道跟踪分析、模型试验的需要，每年对工程河段进行至少两次以上的全面地形及水文观测。

（2）根据施工图设计的需要，每个施工期安排的大比例尺地形图测绘。

（3）每年汛期及汛后进行建筑物局部观测，了解建筑物的局部变形及安全状况。

5.1.3 设计方案优化、调整情况

5.1.3.1 初步设计较工程可行性研究报告（以下简称“工可报告”）调整情况

（1）工可报告批复过程

1989 年 11 月，可行性研究报告上报国家计划委员会、交通部和水利部。交通部、水利部分别于 1990 年 2 月和 6 月审查了可行性研究报告，交通部以（90）交计字 74 号、水利部以水规 [1990]64 号文向国家计划委员会报送了审查意见。国家计划委员会委托中国国际工程咨询公司组成专家组，于 1990 年 10 月组织有关专家到现场进行了十余天的调查，在此基础上，又组织交通和水利方面有关专家于 1990 年 12 月 1 日～ 7 日在岳阳对可行性研究报告进行了评估。

水利部于 1990 年 6 月 27 日在《报告》审查意见（初稿）中指出：“目前界牌河段的河势，正处于相对稳定状态。航槽位置比较理想，是因势利导，进行综合治理的好时机。如果错过这一良好时机，将给治理带来困难，需付出更大的代价，宜加速实施。具体实施程序，应根据实施时的河势，统一安排。”

中国国际工程咨询公司 1991 年 3 月 20 日在《报告》的评估意见中认为：“综合治理的原则正确，目标可行，方案基本合理”，同时也指出：“专家们经实地查勘现场河段，分析多年来河道测图后，认为目前对河道进行整治是有利的，但在 1990 年以后，从发生的变化看，河势有向不利方向发展的迹象。因此，应抓时机，因势利导，特别是及早将上边滩和新淤洲头部稳住，使该河段处在较佳河势状态时进行整治，这将有可能控制河势，否则如遇大水年，使河势发生突变，可能造成已定方案无法实施，或事倍功半，增加工程难度与投资。综合以上所述，我们

认为界牌河段综合治理工程是必要的，又是迫切的。建议能尽早安排实施。”

交通部、水利部于1993年2月12日在上报国家计划委员会的“关于转送《长江界牌河段综合治理工程可行性研究报告》的报告”中仍指出：目前界牌河段仍处于实施“因势利导、综合治理”的有利时机。因此，对界牌河段实施综合治理是十分必要和紧迫的。

综上所述，界牌河段综合治理工程可行性研究报告于1989年9月完成，1990年2月和6月交通部和水利部先后进行了审查，1990年12月又由国际工程咨询公司组织了专家评估，对工可报告给予了充分肯定。由于种种原因，工可报告直到1993年6月才得到批复，时隔三年界牌河段的洲滩都发生了变化，新淤洲洲头已出现冲刷崩退的现象，过渡段航槽位置下移约3km，有向不利实施方向发展苗头，但仍属于治理的有利范围之内。

总之，长江界牌河段综合治理工程的决策是正确的和科学的，但决策周期较长，与河道自然变化快的特点不相适应，使工程建设失去了最佳时机，否则整治效果会更好一些。

（2）初步设计较工可报告调整情况

长江界牌河段航道整治工程可行性研究推荐的枯水双槽方案以1987年8月河道地形为基础，当时界牌河段河道条件是，主流从鸭栏一侧向左岸周家嘴过渡，然后贴左岸下行至皇堤宫至界牌之间再向右岸新洲脑至谷花洲一带过渡，上边滩尾在新洲脑一带。经过7年，1994年工程实施时，界牌河段的河道形势发生了较大变化。当时的河势，进口主流深泓已从右岸偏移至河中心，过螺山后向左岸周家嘴—皇堤宫一带过渡，顶冲点已从周家嘴下移到皇堤宫稍上，下移了5km；螺山边滩滩尾（潜洲形式）已下延到袁家湾一带；上边滩虽高大、完整，但滩尾已下延至叶家墩一带，下移了6km，下荷叶洲至新洲脑等处已出现窜沟，叶家墩处有倒套；新淤洲相对完整，左侧有中滩，新淤洲前的低滩已冲掉，洲头处在崩塌状态；过渡段从下复粮洲过渡到上篾洲，已位于新淤洲头前沿，比1987年工可时，下移了3km，深槽已紧贴新淤洲头，航槽十分弯曲，该处洪水河宽2 700m；新堤夹淤塞，枯季基本断流。

根据界牌河段河道演变规律，1994年的河势已相当于过渡段下移至上提周期的中后期。过渡段位置已明显偏下，中上段主流摆动的空间很大，上边滩上的窜沟及沿右岸的下深槽倒套已比较发育，过流量显著增大，已出现过渡段上提的前兆。根据这一变化，初步设计对总体方案作了较大调整，主要表现在过渡段位置下移，以及建筑物布置进行调整。工可研究阶段和初步设计阶段主要指标的变化见表5–1。

从表 5–1 可见工可研究阶段与初步设计阶段的规模标准和设计参数不变；工程布置方案均采用枯水双槽方案；主要工程项目和主要工程量及工程投资变化较大。其中整治工程的丁坝工可为 11 座，初设为 15 座，增加 4 座；鱼嘴工程、锁坝工程和疏浚挖槽，工可、初设均为 1 处，由于水下地形变化和坝数增加，引起整治工程的护底面积增加 18.83 万 m^2，坝体块石石增加 4.62 万 m^3，沙枕减少 17.52 万 m^3；洪湖港进港航道疏浚挖槽暂不变；护岸工程新建和加固的范围有局部变化，工可左岸新建 3.4km，加固 4.8km，右岸新建 1.52km，加固 12.15km，初设左岸新建 4.9km，较工可增加 1.5km，加固 4.8km，同工可不变，右岸新建 0.9km，较工可减少 0.62km，维护 11.92km，较工可减少 0.23km；护岸工程的块石工程量初设较工可减少 0.92m^3。由于河势、地形随时间变化而变化，因而初步设计的工程布置在工可的基础上，对整治工程、护岸工程的布置进行了调整和优化。长江界牌河段综合治理工程各阶段主要指标如表 5–1 所示。

长江界牌河段综合治理工程各阶段主要指标　　表 5–1

阶段指标			工可	初设	初设与工可比较
工程布置方案			枯水双槽（第 3 方案）	枯水双槽（第 5 方案）	方案布局同，但过渡段下移
主要工程项目	整治工程		丁坝：11 座。鱼嘴：1 处。锁坝：1 座	丁坝：15 座。鱼嘴：1 处。锁坝：1 座	丁坝增加 4 座，鱼嘴、锁坝不变
	疏浚工程		挖槽：1 处（洪湖港）	挖槽：1 处（洪湖港）	不变
		坝体	块石：20.98 万 m^3 沙枕：43.02 万 m^3	块石：25.6 万 m^3 沙枕：25.5 万 m^3	块石增加 4.62 万 m^3；沙枕减少 17.52 万 m^3
		疏浚	30 万 m^3	30 万 m^3	不变
工期			6 年	4 年	减少 2 年

5.1.3.2　施工期设计变更

设计单位在施工图设计过程中，遵循初设批复和审查意见及初步设计所确定的整治原则和特别强调的“鉴于界牌河段河势变化频繁，在施工图设计阶段和工程实施过程中，可根据河势变化情况对整治工程作局部调整”精神，在不改变整治标准的前提下，根据河床变化和调整情况，以及施工条件、材料供应状况等因素，对工程布置和施工工艺以及工程结构做出了相应的变更。主要表现在：

（1）施工顺序调整

①由于新淤洲与南门洲间夹套在 1994 年、1995 年已呈迅速冲刷扩大趋势，必须及时制止，因而锁坝由原计划最后一个施工期调整到第二个施工期实施。

②由于右岸上边滩中上部冲刷，窜沟发展，为抵御上边滩的冲刷破坏，将3号、4号、10号丁坝由第三个施工期调整到第二个施工期。

(2) 工程布置调整

①新淤洲尾与南门洲头间夹套在工程初步设计以后由于新堤夹口门水流条件改变而导致迅速冲刷，原设计锁坝坝位处河床冲刷较深，工程量增加较多，而且坝位正处于夹套中部的不稳定地带，其边界条件不利于锁坝的稳定。因此经现场多次踏勘和分析研究，决定将锁坝坝位上移至南门洲与新淤洲间夹套的口门处。

②7号丁坝坝位下游存在堆石矶头，其附近的河床在水流长期作用下冲刷得很深，而7号丁坝初步设计的坝位正处于矶头冲刷区域的上游端，其河床倒坡明显，不利于坝体稳定，因此根据河床形态将7号丁坝上移了125m。同时根据两坝掩护作用距离而相应将8号丁坝上移了100m。

③遵照长江界牌河段综合治理工程施工协调小组第八次会议以及交通部关于界牌工程收尾工作安排批复的精神，取消了1号丁坝的建设。

(3) 工程结构调整

①在1994—1995年枯水期新淤洲鱼嘴工程干砌块石护面施工过程中，由于当时附近石场开采量有限，导致块石不仅单价高，而且供不应求，影响了工程的进度和投资控制，为此经设计单位计算分析，并经专家论证后决定用混凝土块替代块石作为护面材料。

②3号丁坝的施工图设计是依据1995年9月1∶1 000测图而完成的，而在工程开工前（即1995年11月）所测地形图表明拟定工程区域发生了明显的冲刷。因此将距坝根342 ~ 377m范围变更为全抛石坝，377 ~ 500m范围由全抛石变更为沙枕填芯、块石盖面的混合结构。

5.1.3.3 关于实施阶段过渡段完善控制的研究情况

界牌鱼嘴工程实施后，过渡段一度出现有利变化，主要表现为低滩鱼嘴前沿淤积，过渡段上提1km多，航道更为平顺。同时根据对界牌河段演变规律的认识，设计单位预计到这种有利情况是暂时的，界牌河段将再次出现二次曲流，并逐渐向新堤夹口门发展。随着按照上述初步设计中有关过渡段动态调整意见，设计单位从1996年起先后提出多种过渡段调整方案。这些方案可归纳为两大类：一类是在新堤夹口门建守护控制工程，防止主流进新堤夹；另一类是利用淤出的低滩建顺坝，使过渡段适当向上延伸，接近初步设计方案1位置。这些方案在模型中经过了试验，界牌工程协调小组经过多次研究，认为实施是必要的，由于其他原因，过渡段改善控制工程未能实施。以后由于过渡段持续下移，低滩冲刷消失，赶到主流进新堤夹，完全失去改善过渡段的机会。

5.1.4 动态管理效果

长江界牌河段航道整治工程虽然河床变化复杂，施工条件困难，但由于建设单位正确有力的管理，加上运用动态管理原则，整个工程进行顺利，使部分工程实际进度较计划进度提前。其中新淤洲鱼嘴工程，基本按计划进度实施，并在两个枯季施工期内完工；6 号、7 号丁坝工程，按计划实施并提前于当年完工；5 号丁坝工程，按计划实施并完工；3 号、4 号、8 号、9 号丁坝工程，均提前一年实施并完工（1 号丁坝工程已取消）；锁坝工程，提前两年实施，并于当年完工；2 号、10 号丁坝工程，按计划实施并完工；11 号、12 号丁坝工程，提前一年实施并完工；13 号、14 号、15 号丁坝工程，按计划实施并于当年完工。洪湖港进港航道疏浚工程，遵照审查意见，延缓两年实施并于工程后期的当年完工。

上述 3 号、4 号、8 号、9 号、11 号、12 号共 6 条丁坝提前实施一年，锁坝提前实施两年，分别对固定上边滩，稳定过渡段，控制夹套的冲刷，尽早起到了及时的作用，充分体现了动态设计、动态管理先进理念，属合理调整。工程完工后，鱼嘴工程使新淤洲洲滩从此稳定下来，过渡段不再下移；14 座丁坝工程堵塞了窜沟、固定了上边滩、稳定了过渡段；锁坝工程使实施前处在发展阶段的夹套淤积；洪湖港进港航道疏浚工程使新堤夹内的洪湖港进港航道得到明显改善。工程的顺利实施，使界牌航道整治工程按期达到预期的整治效果。

长江界牌河段航道整治工程初步设计工期为 4 年，1994 年 11 月开工建设，至 1998 年 5 月按合同工期陆续完成了 2 号～ 15 号丁坝、新淤洲鱼嘴及锁坝工程。1998 年汛期长江发生全流域性特大洪水，给建设中的界牌工程带来了严峻的考验，部分工程局部出现了较严重的水毁破坏，为确保航道整治工程的整治效果，1998 年汛后交通部下拨了水毁专项资金，并于 1998—1999 年枯水期实施水毁修复工程，因而工期相应延长了一年。界牌河段航道整治工程施工进度计划如表 5–2 所示。

5.1.5 存在的主要问题及原因

5.1.5.1 存在的主要问题

界牌河段通过护岸、鱼嘴工程稳定了中、洪水河势，但部分滩槽、深泓及过渡段还没有得到完全有效的控制，表现为过渡段从一次过渡发展到二次过渡；螺山边滩生成、下移、发育；上边滩冲刷下延；深泓线频繁摆动；主支汊易位等。航道整治工程的效果，除航道尺度、流速、流态应达到设计标准外，滩槽稳定也是一个重要标准。界牌河段航道整治工程在控制滩槽、过渡段及深泓等方面还存在一些需要完善的地方。

界牌河段航道整治工程施工进度计划表　　表 5-2

施　工　期	计 划 进 度	实 际 进 度
第一年(1994—1995年)	高滩鱼嘴护底工程，低滩鱼嘴；6号、7号丁坝护底工程	新淤洲鱼嘴工程护底、护坡1 189m；6号、7号丁坝工程
第二年(1995—1996年)	高滩鱼嘴及6号、7号丁坝剩余工程，5号丁坝工程	新淤洲鱼嘴剩余工程；3号、4号、5号、8号、9号丁坝及锁坝工程
第三年(1996—1997年)	1号～4号，8号～10号丁坝工程	2号、10号、11号、12号丁坝工程
第四年(1997—1998年)	11号～15号丁坝，锁坝，洪湖港进港航道疏浚工程	13号、14号、15号丁坝工程
第五年（2000年）		洪湖港进港航道疏浚工程

注：1998—1999年为实施水毁修复工程。

5.1.5.2　主要原因

（1）决策周期过长，错过了最佳整治时机

航道整治必须抓时机，只有抓住滩槽相对较好的有利时机，才能事半功倍。

1987年，界牌河段工程可行性研究时，过渡段滩槽条件相对较好，如整治工程能抓紧时间实施，对相对有利的洲滩进行守护，则整治效果可能会比目前好许多。但因决策周期过长，待1994年工程实施时，相对有利的河势条件已丧失，导致目前整治效果与预期效果不一致。

（2）整治方案为综合治理方案，从航道治理角度看并非最佳方案

界牌整治工程的核心是“联合治水”，在拟订方案的过程中，为了防洪效益和兼顾各方利益，最终确定的枯水双槽方案并非是航道治理的最佳方案，以致造成滩槽、过渡段没有得到根本控制。

（3）整治过程中出现的有利时机没有很好利用

界牌航道整治工程初步设计时，根据河道变化情况，首次提出了动态设计的管理机制，这在航道整治设计中是一个创新。但在工程实施过程中，河道出现了一系列设计所期待的变化，如过渡段上提，线型比原设计时平顺，弯曲半径加大；鱼嘴前沿出现低滩；过渡段断面趋向宽平。这一系列水流条件和河床形态的变化是设计所期待的，也是工程实施时已失去的原有利河道条件，特别是低滩的出现为过渡段进一步完善控制提供了条件，如能及时控制住当时的河势，一方面可减轻鱼嘴受顶冲的压力；另一方面可使过渡段控制在较上部位，对航道条件的改善起很好的作用。虽设计部门根据动态设计原则提出了完善方案，并经界牌整治工程协调小组上报，但未能纳入本工程实施，使整治过程中出现的有利时机再次丧失。

（4）1998年特大洪水加快了河道的演变

界牌航道整治工程经历1998年特大洪水后，虽工程总体上维持了稳定，河道

格局保持不变，但界牌河段发生了一系列变化，如上边滩尾大幅度淤积、下延；螺山边滩下移发育；过渡段深泓紧贴鱼嘴；新堤夹冲刷发展、右汊衰退。河道的这一系列变化，也是造成实际效果与预期效果不一的原因。

（5）在大江大河航道治理中"动态管理"应加强

航道整治效果发挥与来水来沙条件密切相关，整治时机尤显重要，因此，应根据河道来水来沙条件的改变及已实施工程引起的河道变化情况，及时抓住各种有利时机，实施动态管理，采取相应设计变更，以达到最佳整治效果。

5.1.6 案例分析

长江界牌河段航道整治工程综合治理目标：界牌河段综合治理总目标是防洪护堤、改善航道。在尽量不抬高城陵矶防洪水位、不改变新堤夹水道河势演变现状的前提下，固滩护堤，巩固有利河势，稳定过渡航槽，保障防洪安全，满足航运要求，尽可能改善洪湖港航行条件。

长江界牌河段航道整治工程于1986年8月成立了界牌河段综合治理技术小组，1989年9月由水利部长江水利委员会、交通部长江航务管理局、湖南省水利水电厅、湖北省水利厅共同完成了《长江中游界牌河段防洪护堤、航运综合治理工程可行性研究报告》，根据整治方案对防洪的影响和工程效果及工程量、工程难度，以及模型试验成果等选定枯水双槽整治方案为推荐方案，并进行了整治工程设计，整治工程设计包括固滩导流及丁坝工程、护岸工程及洪湖港进港航道疏浚工程三部分。

工可研究的主要结论为：目前，界牌河段正处于实施综合治理的有利时机，从防洪、航运和洪湖港目前存在的问题和长远需要出发，界牌河段的综合治理是十分重要和急迫的，工程宜及早批准开工。

界牌河段在施工图设计阶段进行了大量观测，主要包括：

（1）根据对河道跟踪分析、模型试验的需要，每年对工程河段进行至少两次以上的全面地形及水文观测。

（2）根据施工图设计的需要，每个施工期安排的大比例尺地形图测绘。

（3）每年汛期及汛后进行建筑物局部观测，了解建筑物的局部变形及安全状况。

基于观测形成了《界牌河段综合治理工程可行性研究报告》，但是报告的批复用时3年，这3年期间界牌河段的洲滩都发生了变化，新淤洲洲头已出现冲刷崩退的现象，过渡段航槽位置下移约3km，有向不利实施方向发展的苗头，但仍属于治理的有利范围之内。决策周期较长，与河道自然变化快的特点不相适应，使工程建设失去了最佳时机，这时如果加入动态管理理念，及时组织专家咨询会，加强沟通，将决策时间缩短，将更有利于长江界牌河段综合治理工程的顺利展开。

根据界牌河段河道演变规律，1994 年的河势已相当于过渡段下移至上提周期的中后期。过渡段位置已明显偏下，中上段主流摆动的空间很大，上边滩上的窜沟及沿右岸的下深槽倒套已比较发育，过流量显著增大，已出现过渡段上提的前兆。根据这一变化，初步设计对总体方案作了较大调整，主要表现在过渡段位置下移，以及建筑物布置进行调整。工可研究阶段与初步设计阶段的规模标准和设计参数不变，工程布置方案均采用枯水双槽方案，主要工程项目和主要工程量及工程投资变化较大。

在不改变整治标准的前提下，根据河床变化和调整情况，以及施工条件、材料供应状况等因素，对工程布置和施工工艺以及工程结构做出了相应的变更。主要表现在：施工顺序调整，工程布置调整，工程结构调整。

界牌鱼嘴工程实施后，过渡段一度出现有利变化，主要表现为低滩鱼嘴前沿淤积，过渡段上提 1km 多，航道更为平顺。同时根据对界牌河段演变规律的认识，设计单位预计到这种有利情况是暂时的，界牌河段将再次出现二次曲流，并逐渐向新堤夹口门发展。随着按照上述初步设计中有关过渡段动态调整意见，设计单位从 1996 年起先后提出多种过渡段调整方案。

治理过程中，运用动态管理理念在施工过程中根据实测的大量环境数据，对界牌河段河道演变规律进行总结，并准确推测界牌河段河道未来的演变方向，为合理修改施工方案提供依据，同时，保质保量完成长江界牌河段航道整治工程。

5.2　长江航道清淤应急工程动态管理案例

5.2.1　工程概况

1998 年和 1999 年长江流域连续两年发生大洪水，造成了干线航道的超常淤积，一部分河道的滩槽形态发生了重大改变，甚至出现了主支汊易位，使枯水季节长江干线特别是中下游航道的通航条件急剧恶化，多次出现了严重碍航情况，极大地影响了长江航运畅通和船舶航行的安全，给沿江经济带来巨大损失。长江航道清淤应急工程旨在消除特大洪水对长江干线航道的不利影响，解决船舶航行安全和长江航道维护中的突出问题，恢复航道正常维护条件，为船舶的安全航行提供前提。根据初步设计，该工程选择受 1998 年及 1999 年大洪水影响最严重的 14 处浅滩作为治理对象，采用集中疏浚、整治工程、炸礁等措施予以治理，工程总投资为 2 亿元，设计工期为 2 个施工年度，于 2000—2001 年枯季开工。工程实施后，明显缓解目前长江航道“战枯水”的巨大压力，避免近期内再度出现严重碍航事件，对于实施整治建筑物工程的水道还为今后进一步的治理奠定了一定的基础。取得了显著的经济效益和良好的社会效益。长江航道清淤应急工程分布示意图如图 5–2 所示。

说明：

对长江上游渝万河段，长江中游（宜昌至武汉段）芦家河水道、太平口水道、马家嘴水道、周天河段、碾子湾河段、监利河段、沌口水道、武桥水道，长江下游武穴水道、张家洲水道、东流水道、福姜沙水道共13处最严重碍航线滩河段进行治理。工程概算19 996万元。建设工期2年。工程于2001年1月15日开工，2006年7月13日竣工。

图 5–2　长江航道清淤应急工程分布图

治理的 14 个水道（河段）的分布情况如下：

长江上游 1 个水道（河段）：渝万河段。

长江中游 11 个水道（河段）：芦家河水道、太平口水道、马家嘴水道、周天河段、碾子湾河段、监利河段、沌口水道、武桥水道、湖广水道、武穴水道、张家洲水道。

长江下游 2 个水道（河段）：东流水道、福姜沙水道。

5.2.2 施工期河道观测及变化情况

5.2.2.1 河道观测

（1）设计阶段河道观测

包括技术设计及施工图设计两个阶段，由设计单位提出计划，长江航道建设指挥部组织实施。施工图设计阶段观测时间均为施工图设计当年汛后，为施工图设计的依据，每个水道均进行了观测。

（2）各水道在开工前均对施工区域进行了观测

由施工单位组织实施，如发现河道变化较大，则上报长江航道建设指挥部，由设计单位根据开工前测图进行设计变更。

（3）施工期间河道观测

包括施工期间及交工验收的河道观测，主要由施工单位根据质量、进度需要进行观测。每个水道均进行了相应观测。

（4）竣工验收河道观测

每个水道均进行了竣工验收测量，由长江航道建设指挥部组织实施。

5.2.2.2 河道变化情况

初步设计后河道变化总体情况是为：河道处于 1998 年及 1999 年洪水后的调整期间，河势基本稳定，总体上略有冲刷，大部分水道变化不大，但也存在少数水道初步设计后发生较大的冲淤变化。变化较大的水道有：

湖广水道、张家洲水道上浅区调整较快，有较大幅度冲刷，在施工前已达至设计航道尺度。

监利水道乌龟夹进口有所淤积，且枯季冲淤变化剧烈。

福姜沙南水道中部有较大幅度的淤积。

5.2.3 设计方案优化、调整情况

长江航道清淤应急工程主要通过三种手段对初步设计方案进行了优化：一是，部分重点水道在施工图设计以前增加了技术设计阶段；二是，施工图设计阶段，对设计方案进行了优化调整；三是，施工期间，通过设计变更方式对方案进行了

优化调整。取得的主要成果为：

（1）鉴于太平口水道、马家嘴水道、周天水道、碾子湾水道较为复杂，初步设计后河道变化较大，在施工图设计之前专门对这四个水道进行了技术设计，技术设计由交通部水运司主持进行了审查，通过这一设计阶段，对初设方案进行了优化，如碾子湾水道技术设计阶段，根据最新测图及物理模型试验，对初步设计方案进行了如下优化：

①将初步设计中左岸靠下游的4条丁坝调整为3条，坝位及坝长也作了相应的调整。

②挖槽走向进行了调整，挖槽底宽由80m调整为100m。

（2）施工图设计阶段，每个水道工程方案均根据当年汛后最新测图，部分水道还结合物理模型试验，对方案进行了优化、调整。其中变化最大的是取消了湖广水道疏浚工程。

根据2001年汛后测图分析，初步设计以后，湖广水道上、下浅区河床高程向有利于航道的方向调整，2001年汛后测图反映，1998年、1999年特大洪水在航道内造成的超常淤积已得到有效冲刷，已基本恢复到1998年特大洪水前的正常情况，根据浅滩演变分析，设计单位认为在自然条件下，湖广水道2001—2002年枯水季航道形势较好，且在一段内间内会保持较好的航道形势，不需要实施疏浚工程，因此，设计单位向建设单位建议取消该单位工程，并编制了《关于长江航道清淤应急工程取消湖广水道疏浚工程的说明》上报长江航道局，经交通部同意，在施工图设计阶段正式取消了该单位工程。

（3）施工期间，通过对施工图测图及已建工程效果的分析，部分单位工程以设计变更的方式对方案进行了优化、调整。其中对工程方案影响较大的有：

①取消了张家洲水道南港上浅区疏浚工程。

②碾子湾水道增加了右岸1 000m护岸。

③增加了福姜沙南水道中段疏浚工程。

5.2.4 施工期设计变更

5.2.4.1 重大设计变更

本工程重大设计变更由设计单位编制设计变更文件，由交通部审批，主要有：

（1）在进行湖广水道清淤应急工程施工图设计时，最新测图反映，2001年汛后浅区已基本恢复到1998年特大洪水前的形态，预计当届枯季及以后一段时间内航道条件将较为理想。根据初步设计确定的治理原则，设计单位认为湖广水道疏浚工程实施的基础已经消失，因此，取消了湖广水道疏浚工程，编制了《关于长江航道清淤应急工程取消湖广水道疏浚工程的说明》，上报交通部后得到同意。

(2) 在进行张家洲水道清淤应急工程施工图设计时，测图反映，南港上浅区2001—2002年枯水期航道形势明显好转，2002—2003年枯水期航道条件进一步改善，通过河床自动调整作用，1998年、1999年特大洪水在航道内造成的超常淤积已得到有效冲刷，航道形势明显好转，在自然条件下已能满足该河段标准船舶的通航要求。因此，设计单位根据清淤应急工程的目的和原则，在张家洲水道清淤应急工程中取消了南港上浅区疏浚工程，编制了《关于长江航道清淤应急工程取消张家洲水道南港上浅区疏浚工程的说明》，上报交通部后得到同意。

5.2.4.2 较大设计变更

本工程较大设计变更由设计单位编制设计变更文件，由长江航务管理局审查，报交通部备案。主要有：

(1) 武穴水道丁坝结构形式及施工进度调整的设计变更

武穴水道施工期间发现施工区域的地质条件与施工图设计所依据的资料相差较大，原设计中丁坝位置河床按细沙考虑，但施工过程中发现拟实施的1号～4号丁坝坝根从河漫滩顶至坝体区域均存在2～3m厚的淤泥，而当时水位偏高，对软基础进行处理比较困难。设计单位根据探明的地质条件及当时现场实际情况，对丁坝结构形式及施工进度进行了调整，主要内容为：

①坝体分两期实施，第一个施工年度（2000—2001年枯水季）丁坝建至航行基面以上3m（坝顶高程），第二个施工年度视情况再加高到原设计高程。

②对丁坝坝体结构及部分丁坝护底、护岸进行改进，主要有：第一届枯水期坝体改为全沙枕结构；取消2号、3号丁坝护底排，改为在坝体四周抛枕一层护底，取消2号、3号丁坝混凝土块护坡，沿坝轴线增铺顶宽为3m的块石走道。

(2) 福姜沙水道增加福南水道中段疏浚区的设计变更

在清淤应急工程实施期间，航道维护部门发现福南水道左边滩进一步淤长，使福南水道中段航道条件恶化，10.5m等深线与右岸码头前沿距离远低于正常维护要求的250m（包括航道宽度200m及码头前沿作业水域50m），已严重影响到福南水道通航安全，并向上级主管部门提交了《关于对福姜沙南水道中段航道进行应急清淤的报告》。

设计单位经研究后认为，在清淤应急工程对福南水道进口进行疏浚拓宽后，中段将成为影响福南水道海轮航道正常使用的卡口。为了保证福南水道通航安全，更好地发挥清淤应急工程的作用，需要增加福南水道中段疏浚工程，编制了《关于长江航道清淤应急工程福姜沙水道增加福南水道中段疏浚区的设计变更》，增加福南中部工程量为22.05万m^3，疏浚工程费312万元，上报长江航务管理局得到同意后，该项目得以实施。

5.2.4.3　一般设计变更

本工程一般设计变更由设计单位编制设计变更文件，由长江航道局审查。主要有：

(1) 根据开工前测图对各水道疏浚区、抛泥区的微小调整。如周天水道、监利水道、武桥水道、东流水道等，均对疏浚区进行了小的调整。

(2) 根据施工时探明的地质条件或当时水位变化情况，对整治建筑物长度或结构的小的调整。马家嘴水道、碾子湾水道、武穴水道存在这种现象。如《碾子湾水道右岸 1 000m 护岸的设计变更》，根据新的地质条件，对局部护岸结构进行了调整。

(3) 对施工进度进行调整。如福姜沙水道根据工程量的变化，将施工期由一年调整为两年。

(4) 根据现场实际情况，增加部分工程。如福姜沙水道在施工期间发现福南进口疏浚区存在沉船残骸、水泥块及块石等障碍物，通过设计变更增加了对水下障碍物的清除。

(5) 其他小的设计变更，如根据现场监理反映及实地踏勘情况，对工程量小的调整、对施工工艺的调整等。

5.2.5　动态管理效果

长江航道清淤应急工程通过动态管理取得了较好的效果，主要体现在以下几个方面：

(1) 通过大量的原型观测，为设计优化提供了可靠依据，使施工设计根据最新测图进行了方案优化，同时节省了工程投资（如取消了湖广水道疏浚工程），工程方案基本符合最新的河道变化情况。

(2) 重点水道增加了技术设计阶段，对初步设计方案进行了优化，为提高施工图设计水平打下了良好基础。

(3) 施工期间对水道进行了跟踪观测和分析，取消了张南上浅区疏浚工程，节省了工程投资，增加了福南中部疏浚工程，更有效地改善了福南水道航道条件。结合工程期间揭示出的局部地质条件，对部分整治建筑物的结构设计及施工工艺进行了调整，保证了建筑物结构的稳定。

(4) 根据施工期间水位变化、施工单位及现场监现反映的工况条件等，对部分整治建筑物的结构设计及施工工艺进行了调整，保证了工程顺利进行，确保工程按期完工。

(5) 对于较复杂的技术问题请有关专家进行咨询，有些工程甚至请专家至施工现场踏勘并召开研讨会，如武穴水道、碾子湾水道在发现新的地质情况时，需及时对建筑物结构进行调整，长江航道指挥部立即召集参建各方，并邀请有关专家对现场进行了踏勘，并召开现场研讨会，及时确定了新的方案，既保证了工程质量，也保证了工程的顺利实施。

(6) 从本工程的最终效果看，本工程的实施，明显缓解 1998 年、1999 年洪水后航道的紧张局面，确保了长江干线航道畅通，恢复了长江干线航道的正常维护，达到了工程设计目标，同时，工程顺利按期完工，节省了大量的工程费用。

5.2.6 存在的问题

对重大设计变更、较大设计变更和一般设计变更界定不是十分明确，延长了部分工程的施工工期，如增加福南水道中段疏浚区的设计变更，最初设计单位认为应作为重大设计变更，编制了《关于长江航道清淤应急工程福姜沙水道增加福南水道中段疏浚区的重大设计变更》，该变更经长江航道指挥部、长江航道局、长江航务管理局同意后，作为重大设计变更上报交通部。但交通部审阅后认为该变更应按较大设计处理。此后，设计单位将设计变更调整为《长江航道清淤应急工程福姜沙水道增加福南水道中段疏浚区的设计变更》。整个过程延误了一个月左右时间。

5.2.7 案例分析

由于 1998 年和 1999 年连续两次在长江流域发生了大洪水，导致长江部分河道内的滩槽形态发生了重大改变，使得枯水季节长江中下游航道的通航条件急剧恶化，影响了长江航运的发展和船舶航行的安全，因此出台了长江航道清淤应急工程，旨在消除特大洪水对长江干线航道的不利影响，解决船舶航行安全和长江航道维护中的突出问题，恢复航道正常维护条件，为船舶的安全航行打好基础。

通过在技术设计、施工图设计阶段以及施工期阶段对河道进行观测，根据河道变化情况以及已建工程与河道的相互作用情况相应地优化工程方案。在施工图设计之前针对太平口水道、马家嘴水道、周天水道、碾子湾水道的技术设计以及最新的测图和物理模型试验，对初步设计中的丁坝设计、挖槽设计进行了优化；在施工图设计阶段，又根据当年汛期的最新测图，结合部分物理模型试验，取消了湖广水道疏浚工程；在施工期间，通过对施工图测图和意见工程效果的分析，取消了张家洲水道南港上浅区疏浚工程、增加了碾子湾水道右岸 1 000m 护岸和福姜沙南水道中段疏浚工程。

在施工期间进行设计的优化变更对于整个工程而言显得尤为可贵与意义重大，

能够具有针对性地投入人力、物力，不造成资源的浪费。在进行湖广水道清淤应急工程施工图设计时，最新测图反映，2001 年汛后浅区已基本恢复到 1998 年特大洪水前的形态，预计当届枯季及以后一段时间内航道条件将较为理想；在进行张家洲水道清淤应急工程施工图设计时，测图反映，南港上浅区 2001—2002 年枯水期航道形势明显好转，2002—2003 年枯水期航道条件进一步改善，通过河床自动调整作用，1998 年、1999 年特大洪水在航道内造成的超常淤积已得到有效冲刷，航道形势明显好转，在自然条件下已能满足该河段标准船舶的通航要求。因此根据清淤工程的目的和原则，取消了湖广水道和张加州水道的疏浚工程。相反，在进行福江沙水道的清淤工程时，对水道的观测结果表明福南水道左边滩进一步淤长，使福南水道中段航道条件恶化，已严重地影响到福南水道通航安全。因此，增加了福南水道中段疏浚工程。在武穴水道施工期间发现施工区域的地质条件与施工图设计所依据的资料相差较大，丁坝结构形式已不符合工程要求，因此对丁坝结构形式及施工进度进行了调整。除此之外的其他一般设计变更不一一赘述，但都体现了工程设计根据实际水道的变化进行优化的精神。

在长江航道清淤应急工程的实施过程中运用了动态管理的方法，在完工后，明显缓解 1998 年、1999 年洪水后航道的紧张局面，确保了长江干线航道畅通，恢复长江干线航道的正常维护，工程达到了设计目标，同时，工程顺利按期完工，节省了大量的工程费用。

5.3 长江中游碾子湾航道整治工程动态管理案例

5.3.1 工程概况

长江中游碾子湾水道地处下荆江上首，上起鱼尾洲，下至金鱼沟全长 17km，长江中游碾子湾水道示意图如图 5-3 所示。

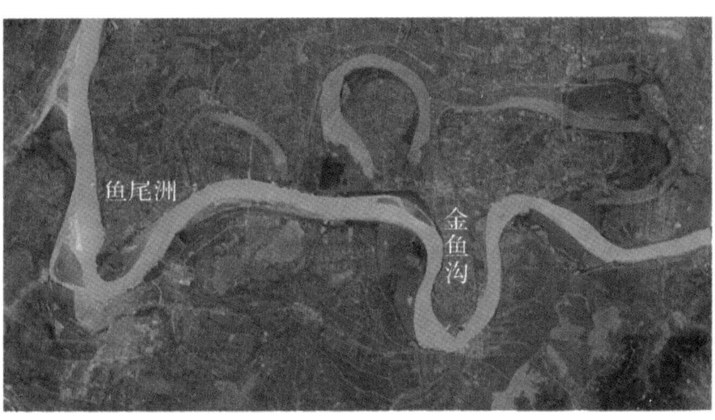

图 5-3 长江中游碾子湾水道示意图

一百年以来曾发生 5 次自然裁弯或撇弯切滩，航道极不稳定，一直以来都是长江中游航道维护的重点水道之一，如图 5–4 所示。1994 年洪水期，本水道上游石首弯道发生撇弯切滩，大量泥沙下泄，造成碾子湾水道超常淤积，并导致主流摆动，滩槽位移，航道条件急剧恶化。1995 年 2 ~ 4 月，虽经航道部门竭尽全力维护，航道仍有 28 天未能达到计划维护尺度，给长江航运及沿岸工矿企业造成重大损失，并产生极为不良的社会影响。此后几年航道部门继续采取超常维护措施，但航道形势依然紧张。

为根本解决该水道枯水期航道条件差的问题，交通部决定对该水道进行治理研究。从 1995 年年初我院开始研究该水道的治理方案，1995 年 10 月完成碾子湾水道航道整治工程可行性研究报告，2000 年年底交通部批准长江碾子湾航道清淤应急工程，对碾子湾航道实施初步治理，2002 年 10 月交通部批准碾子湾水道航道整治工程初步设计，2002 年年底该工程正式开工。

碾子湾航道整治工程旨在已实施的长江碾子湾航道清淤应急工程和长江水利委员会（以下简称长江委）河势控制工程即护岸工程的基础上，以柴码头节点（抛石矶头）及以下稳定河岸作为过渡段起点，利用上、下边滩的固滩建筑物（低水丁坝和护滩带）和右岸南堤拐附近的局部护岸工程，进一步将过渡段稳定在柴码头至南堤拐一带，消除浅滩碍航现象，改善航行条件。

该工程整治建筑物共包括：7 道丁坝 [顺坝 / 格坝、2 号、3 号、4 号（清淤工程）、5 号、6 号、7 号丁坝]，6 道护滩带 [8 号、9 号、10 号护滩带（清淤工程）、11 号、12 号、13 号、14 号护滩带]，护岸两处 [柴码头 700m（清淤工程）、寡妇夹一带护岸 2 000m（清淤工程 1 000m）]。长江中游碾子湾水道航道整治工程示意图如图 5–4 所示。

5.3.2 施工期河道观测及变化情况

初步设计完成以来，河道经历了近两个退水过程的演变，局部也有一些调整和变化，期间进行了 3 次原型观测。河床变化主要有以下几个方面：

5.3.2.1 过渡段上提

从 2002 年汛后的测图来看，本水道上段主流贴左岸挫弯后，过渡段以柴码头作为起点向右岸过渡，加上清淤工程实施后，柴码头以下的四道丁坝对过渡段起到了一定的控制作用，主流较已往提前偏转进入下深槽与去年同期相比，过渡段上提，长度缩短约 1 000m。与此同时，下深槽上窜，与过渡段相接，因此，汛后过渡段航行基面下 5m 线贯通，航行条件良好。

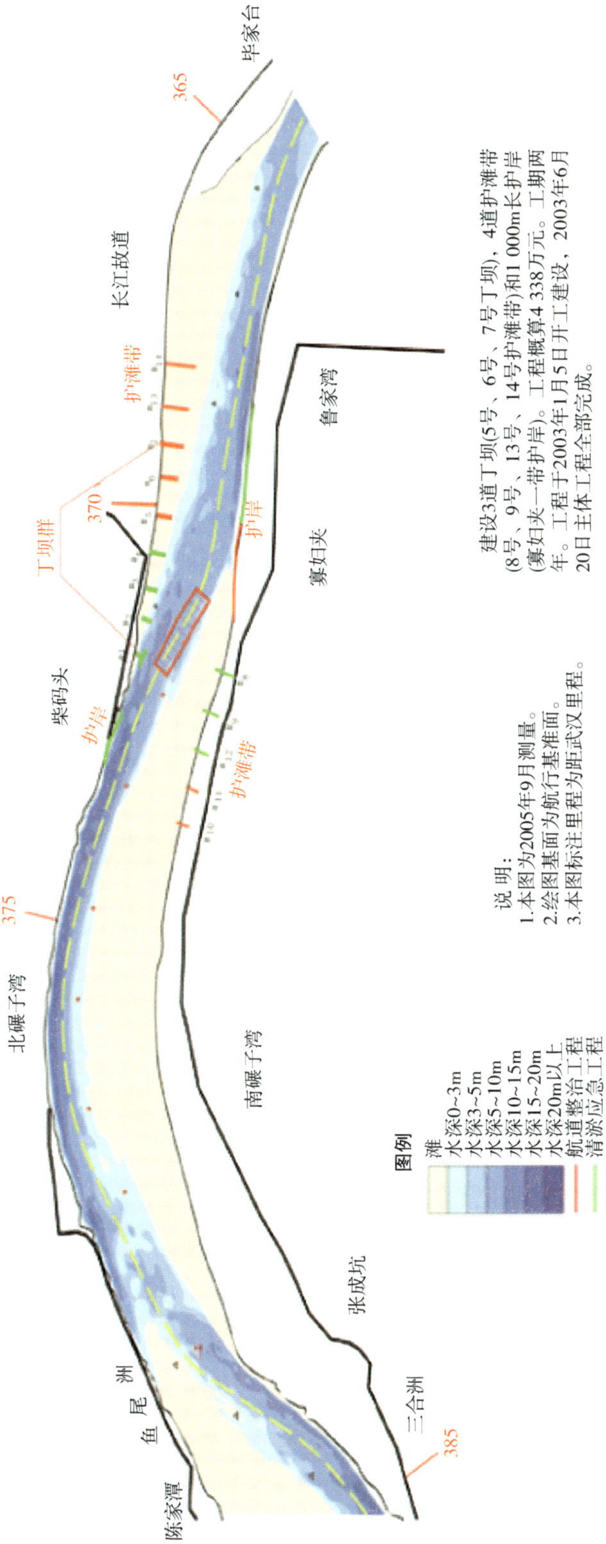

图 5-4 长江中游碾子湾水道航道整治工程示意图

5.3.2.2　上边滩尾受到冲刷，下边滩头部略有淤积

上边滩虽整体上仍保持完整，但其尾部由于受过渡段下段右摆，下深槽上窜的影响而发生了一定程度的冲刷；与此同时，下边滩处于柴码头凸出岸线及其下游丁坝的掩护范围之内，在中枯水位时基本属于缓流区，加上2002年内中低水位持续较长，因此，下边滩的头部趋于淤积，河床小幅抬高。

5.3.2.3　拟建工程区域淤积

从2002年9月与2001年8月的测图比较，除8号、9号护滩带区域河床地形的差异不大外，13号、14号护滩带及5号～7号丁坝区域普遍回淤。

5.3.3　设计方案优化、调整情况

5.3.3.1　平面布置方案调整

根据初步设计以来的河床演变分析及本阶段物模的成果，施工图设计方案基本保留了初步设计推荐方案的工程布置，但适当缩短了左岸的三道丁坝及两道护滩带的长度。

5.3.3.2　工程结构的调整

根据交通部对碾子湾航道整治初步设计文件的批复，以及初步设计以来河道地形的变化，对工程结构进行了优化。

（1）丁坝坝体结构调整。

在初步设计中5号～7号三道丁坝坝体采用抛枕填芯块石盖面混合坝结构，由于清淤工程已建4道丁（顺）坝对坝下游边滩的促淤作用，目前5号～7号丁坝附近的区域出现回淤，三道丁坝坝址最低高程仅为设计水位以下1m左右，5号～7号三道丁坝的平均坝高分别为2.19m、1.96m和1.95m，通过对全抛石坝结构与沙枕－块石坝结构进行比较，在坝高小于2m时，沙枕－块石坝在造价上没有明显的优势，且施工较为复杂，所需设备较多，因此，三道丁坝坝体结构全部改为全抛石坝。

（2）丁坝和护滩带头部软体排加强。

鉴于丁坝和护滩带头部可能出现水流急、流态乱、河床变形剧烈等不利情况，故对初步设计中丁坝和护滩带头部护底软体排做出局部改进，即在D型排的基础上提出了D2型排，在X型排的基础上提出了X2型排。主要改进在以下四个方面：一是增加压载体重量，二是增加排垫厚度，三是改变压载体与排垫的系接方式，四是增加系接条的抗拉强度。改进后排的稳定性和应变性更好。

（3）护滩带头部预开挖。

一般护滩带头部河滩越高，河滩及其护滩带受主流顶冲时变形越大，因此采

用预开挖的方法，将护滩带头部所处的河滩挖低，降低护滩带头部高程，减小变形。8 号护滩带滩头较高，采用预开挖的方法处理，护滩带头部高程降低 4.2m。

（4）护岸工程水下抛枕镇脚全部改为抛石镇脚，取消了排头备镇枕。

（5）丁坝坝头增加了抛石棱体护脚，取消了护滩带头部的备镇石。

5.3.3.3 主要工程量变化

初步设计以来，由于河道的冲淤变化、工程平面布置和工程结构的调整，引起施工图设计工程量的变化，工程量有增有减，主要是水上抛枕减少较多，土方回填增加较多(一个大窝崩的回填)。调整后节省工程费用 300 余万元。详见表 5–3。

施工图设计调整后节省工程费用计算表 表 5–3

工 程 项 目	初设（元）	施设（元）	增减量（元）	单价（元）	合计（万元）
开挖	96 941	96 514	−427	5.52	−0.24
土方回填	14 462	34 347	19 885	5.52	10.98
平铺无纺布	78 880	87 568	8 688	9.76	8.48
水上抛枕	45 814	3 401	−42 413	58.25	−247.06
水上抛石	64 231	49 369	−14 862	85.11	−126.49
水上沉排	188 877	222 445	33 568	29.86	100.23
干滩铺排	102 130	92 626	−9 504	48.67	−46.26
合计					−300.35

5.3.4 施工期设计变更

工程根据现场地形、地质的变化进行了四次设计变更。

5.3.4.1 第一次设计变更

根据长江航道规划设计研究院勘察测量处于 2002 年 11 月 18 日开工前对各建筑物所在地形的重新测量，测图比例为 1/1 000，根据这次测图反映河道的变化，对建筑物设计进行了调整和优化。

（1）对丁坝设计进行了调整和优化。

①各丁坝轴线保持不变。

②为减少开挖土方量，适当抬高 5 号、7 号丁坝枯水平台的高程，5 号丁坝和 7 号丁坝枯水平台的高程由 27.3m 分别抬高到 28.20m 和 28.50m。

③枯水平台抬高后，5 号、7 号丁坝的坝根低于枯水平台，对坝根的稳定有影响，将 7 号丁坝坝根 28.2m 抬高到 29.5m，按 1:60 坡延伸与原坝面相接；而 5 号丁坝在丁坝群内，对坝根的稳定影响不大，坝根不抬高。

④对 5 号、6 号、7 号工程量进行调整。

（2）对护滩带工程量进行调整。

（3）对护岸设计进行了调整和优化，并作下列说明：

①右岸护岸工程 0+788 ～ 0+1 018 和 0+238 ～ 0+438 号断面之间部分地段坡面地下水较多、土质排水不畅并且夹有淤泥层，为增加护面对地基变形的适应能力，枯水平台以上斜坡 5m 的范围内，将 10cm 厚的预制混凝土块护面改为 30cm 厚的干砌块石护面。

②整个护岸工程全线的枯水平台改为宽 3m、深 1m 的干砌块石台体。

③局部崩岸处采用抛枕镇脚后再沉 D2 型排。

④工程量相应调整。

5.3.4.2　第二次设计变更

2003 年 3 月 7 日，针对重庆工程局第十二项目经理部所提出的关于申报碾子湾右岸护岸工程 0+750 ～ 0+1 018 号断面之间部分地段已削好的坡面出现塌陷处理要求，经研究现答复如下：

（1）坡面塌陷的原因分析。

①土质差引起。护岸沿线岸坡大部分为粉质黏土，并夹有淤泥，根据地质资料了解，这两种土的含水率大、密度小、渗水慢，由于土坡和盲沟开挖好后，渗水加快，经过一段时间渗水，引起了坡面塌陷。

②坡面回填引起。在削坡时，有部分坡面出现回填现象，经过一段时间固结排水，引起了坡面塌陷。

（2）对坡面塌陷的处理意见。

①在塌陷的坡面上回添粗河沙。

②斜坡面削好后，应尽快修筑盲沟，加快土坡排水。

③坡面回填好后应尽快铺反滤层。

④对于地质非常差，碎石盲沟无法形成的地段，采用块石盲沟处理，盲沟断面尺寸上底宽 1.5m、下底宽 0.5m、高 1m，下铺 400g/m^2 无纺布一层。

5.3.4.3　第三次设计变更

（1）变更缘由。

右岸护岸工程 0+0 ～ 0+241 号断面之间有一大崩窝，原设计为调顺岸线，将守护岸线前移，回填土方较大。开工后，施工单位先后采用了汽车、装载机和小吸沙泵吹回填，由于降雨较多，回填进度仍然达不到计划要求，目前如果水位上涨，会影响施工。为此，进行设计变更。

（2）变更方式。

2003 年 3 月 26 日建设指挥部在现场召开由专家以及设计、施工和监理单位参加的研讨会，会议决定将该段守护岸线后退，具体变更如下：

①对原设计 0+0 ~ 0+241 号断面之间岸线守护适当后退。

② 0+0 ~ 0+162 水上抛石断面长度由 20m 改为 40m，厚度由 100cm 改为 50cm。

③取消原过渡段水下沉排和水下抛石，改为全抛石结构，抛石厚度为 50cm。

④对于地质非常差，碎石盲沟无法形成的地段，采用块石盲沟处理，盲沟断面尺寸上底宽 1.5m、下底宽 0.5m、高 1m，下铺 400g/m^2 无纺布一层。枯水平台内侧淤泥处理采用块石挤淤，块石盲沟和块石挤淤统称为陆上铺石。

⑤工程量相应调整。

5.3.4.4 第四次设计变更

现场发现有一天然排水沟，紧靠 6 号丁坝坝根护坡坡顶的上游面，该沟集中坡顶岸滩面积水，顺土坡排泄，将该坝根护坡上游面的土坡和护坡冲蚀，土坡呈现冲坑，护坡呈现局部损坏，随着时间的推移，毁坏现象还会进一步扩大，为此拟定做排水沟处理。

2003 年 12 月做出设计变更，在斜坡面上做排水沟排水，排水沟由厚 40cm 浆砌块石构成，沟净断面尺寸为 40cm × 50cm；在坡顶上采用内径 30cm 钢筋混凝土排水管排水，排水管埋在土下，进水口引到天然积水坑（原天然排水沟填平），出水口引到排水沟，两节排水管的接头用编织布抱缠两层，两边各搭接 1m。

5.3.5 动态管理效果

（1）抓住有利河势及时治理。

初步设计以后，本河道下边滩进一步回淤，及时进行碾子湾航道整治下边滩固滩丁坝的平面布置和工程结构进行了优化设计，节省了大量的工程量，起到事半功倍效果。

（2）加强施工期工程观测和资料收集，适时优化整治方案。

由于航道整治工程是在水下施工，同时点多线长，不确定因素较多，施工单位在施工过程中，容易发现一些设计与现场情况不符的问题，因此设计人员应加强与施工单位的联系，深入施工现场，协助施工单位，掌握第一手资料，适时核查和优化设计，使整治方案更加合理有效，及时解决现场发现的问题。

（3）集思广益，积极采纳合理化建议。

在制订变更方案时，应重视吸取来自各方面的有益意见和建议，广泛征求专家、管理部门及施工单位等部门的合理化建议，进行认真分析研究，加以归纳总结，把理论和实践经验有机地结合在一起，继而提出合理的变更方案。比方说将原设计回填崩窝，调整为顺河岸退守，节省回填土方，节省工程费用 38 余万元，同时加快了施工进度。

5.3.6 案例分析

长江中游碾子湾水道地处下荆江上首，上起鱼尾洲，下至金鱼沟全长 17km，一百年以来曾 5 次发生自然裁弯或撇弯切滩，航道极不稳定，一直以来都是长江中游航道维护的重点水道之一，为根本解决该水道枯水期航道条件差的问题，交通部决定对该水道进行治理研究，初步设计完成以来，河道经历了近两个退水过程的演变，局部也有一些调整和变化，期间进行了 3 次原型观测。河床变化主要有：过渡段上提；上边滩尾受到冲刷，下边滩头部略有淤积；拟建工程区域淤积；设计方案优化、调整情况。

根据初步设计以来的河床演变分析及本阶段物模的成果，施工图设计方案基本保留了初设推荐方案的工程布置，但适当缩短了左岸的三道丁坝及两道护滩带的长度。根据交通部对碾子湾航道整治初步设计文件的批复，以及初步设计以来河道地形的变化，对工程结构进行了优化。初步设计以来，由于河道的冲淤变化、工程平面布置和工程结构的调整，引起施工图设计工程量的变化，工程量有增有减，主要是水上抛枕减少较多，土方回填增加较多（一个大窝崩的回填）。调整后节省工程费用 300 余万元。工程根据现场地形、地质的变化进行了四次设计变更。根据长江航道规划设计研究院勘察测量处于 2002 年 11 月 18 日开工前对各建筑物所在地形的重新测量，测图比例为 1/1 000，根据这次测图反映河道的变化，对建筑物设计进行了调整和优化。主要有：对丁坝设计进行了调整和优化；对护滩带工程量进行调整；对护岸设计进行了调整和优化。

在航道整治工程中，由于沙质河道是变化的，同时对地质条件了解不够全面，运用动态管理的理念对结构作相应的调整，随着整治建筑物的相继建成，整治河段也在进行相应的调整，因此，原制订的整治方案或者施工顺序进行了相应的调整，以适应不断变化着的河道情况。同时，在航道治理的施工期，运用动态管理的理念大大降低了施工成本，为成功的治理航道提供了有利的帮助。

5.4 长江下游张家洲南港航道整治工程动态管理案例

5.4.1 工程概况

5.4.1.1 航道概况

张家洲水道位于长江下游，上起九江市锁江楼，下至八里江口，全长 32km，地处鄂、赣、皖三省交界处，水道为双分汊河型，长江下游张家洲南港航道整治工程示意图如图 5–5 所示。右汊为张家洲南水道，习惯称为南港，平面形态较为顺直，南港内出现次一级分汊，水道内自上而下有官洲、新洲两江心洲，下段有鄱阳湖自右岸汇入；左汊习惯称为北港，平面形态呈圆弧弓背状，航程比南港长约 6km。

北港在 1989 年以前为枯水季主航道，汊道内浅区达三四处之多，主要浅区在上口代家营和杨家湾之间，其次在程家营一带，其枯水航槽狭窄多变。北港在枯水期虽然曾被开辟为主航道，但航行条件较差，除水流扫弯、航线弯曲外，八里江口是南、北港水流交汇区，亦是下游著名的大风浪区，给航行安全构成威胁。1989 年后，北港因南港航道条件逐渐好转而不再作主航道开通。

南港内有两处浅区，上浅区位于新港对开，航道比较稳定；下浅区位于官厂至鄱阳湖口之间的过渡段，因江面放宽，水流分散，浅情最为严重，此处是影响张家洲南水道全年畅通的关键所在。1989 年以前，每逢枯季，南港水深不足，被迫封航，航道改至北港；1988—1989 年枯水期后，南港下浅区水深条件逐步改善，开始开辟为全年通航的主航道。20 世纪 90 年代以来，南港浅区水深进一步增加，枯水期一般只需调标改泓就能保持航道的畅通。1998 年特大洪水后，下浅区航道条件复又恶化，在全力维护的情况下，枯水期仍出现了不足 4.0m 标准水深的天数长达 30 多天（1999 年 2 月 15 日 ~ 1999 年 3 月 18 日）的恶劣情况，大量船舶受阻，给长江航运部门、沿江许多大型石油化工企业造成了重大损失。1999 年再次大洪水后，下浅区浅滩形态恶化为交错型，枯水期上下深槽交错长达 1.8km，航道部门从 1999 年 12 月中旬起开始采用超常疏浚维护，但仍有船舶搁浅。2000 年以后，南港汛期淤积程度略有减轻，枯季航道条件有所改善，但 1998 年、1999 年连续两年特大洪水造成南港下浅区深泓左移，新洲边滩滩形低矮的不利浅滩形态依然存在。

为了改善张家洲水道的航行条件，解决枯水期碍航问题，保证航行安全，2001 年 12 月交通部批准对其进行整治。

5.4.1.2 工程概况

(1) 工程建设规模

张家洲南港航道整治工程选择航道条件相对较优的南港作为整治对象，本着因势利导、统筹兼顾、枯水整治的原则，在已有河势控制工程的基础上，采用整治建筑物工程改善南港下浅区通航条件，消除碍航隐患，确保航道畅通。整治工程包括左岸 6 道总长 2 772m 的丁坝、右岸 2 道共长 900m 的护滩带和 1 070m 长的护岸（工程方案平面布置图见图 5–6）。其中，左岸 6 道丁坝的作用主要是巩固

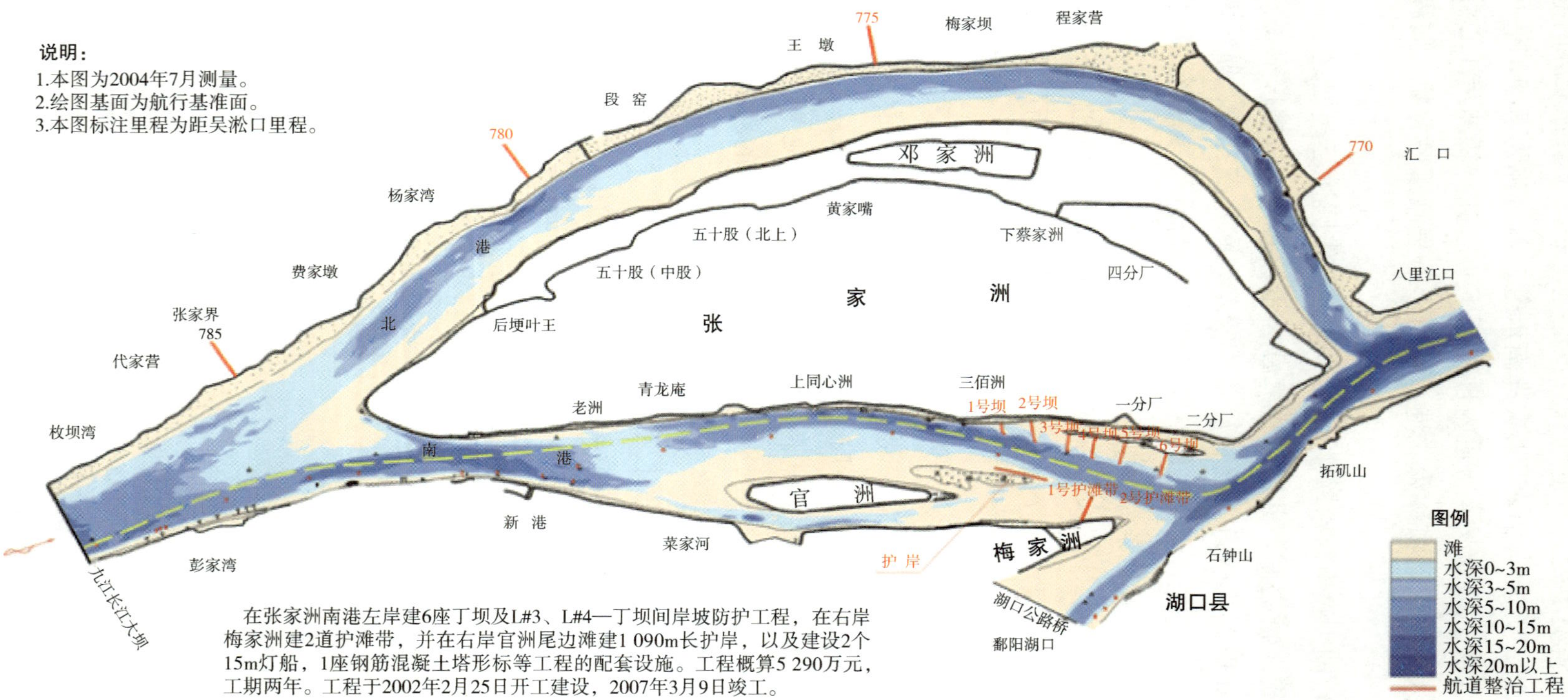

图 5-5 长江下游张家洲南港航道整治工程示意图

新洲边滩，阻止主流北移，适当束窄枯水期过渡段河宽，集中水流，冲刷航槽，而6道丁坝中各丁坝的功能又有所不同，前4道丁坝主要起挑流作用，设计为下挑勾头丁坝，坝头高程均为设计水位上3m，后2道丁坝主要起固滩作用，坝头高程分别为设计水位上2m和1m；右岸梅家洲尾2道护滩带的作用主要是保持梅家洲边滩的稳定，防止官洲夹出流对梅家洲尾边滩的破坏；官洲尾护岸工程的作用主要是保持航槽右岸边界的稳定，防止河岸冲刷后退。

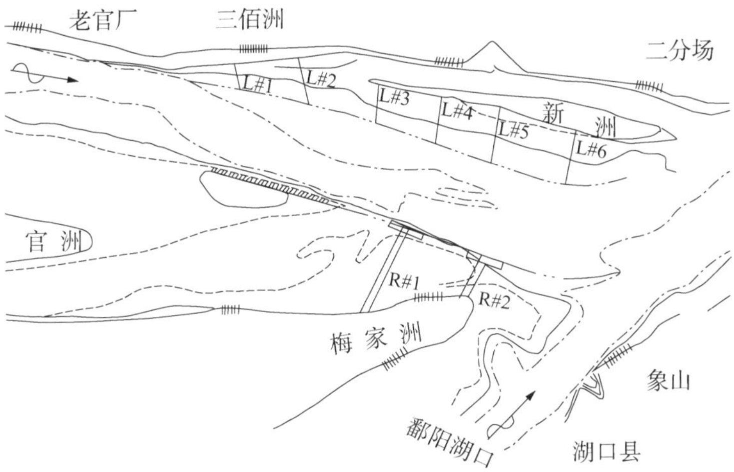

图5–6 整治工程方案平面布置图

(2) 整治目标及建设标准

本工程目标是以南港下浅区为整治对象，通过工程措施使下浅区枯水期成为适当缩窄的向左微弯单一的河道，改善枯水期航道条件，确保航道畅通。

设计航道尺度为：4.0m×120m×1 050m（水深×航宽×弯曲半径）。

设计代表船队为：4 413kW推轮下水顶推15艘2 000t分节驳（上水16驳）。

通航保证率为：98%。

(3) 主要设计参数

设计水位为湖口航行基面零点，即黄海高程4.2m。

整治水位为湖口航行基面上3.0m，即黄海高程7.2m。

整治线宽度为750m。

(4) 主要建筑物结构及材料

丁坝工程采用聚丙烯编织布系混凝土块软体排（D型）护底，坝体为沙枕填芯、块石盖面的混合结构；护岸采用D型排护底，抛枕、抛石镇脚，坡面为无纺布、碎石反滤层上铺块石平顺守护；护滩带为干滩铺聚丙烯编织布系混凝土块软体排(X型)。

（5）建设过程

长江下游张家洲南港航道整治工程的建设历经了以下两个枯水期：

①2001—2002 年枯水期，实施了 L#1 ～ L#3 三道丁坝的护底、坝根护岸和部分坝体，以及 L#3、L#4 丁坝间岸坡防护工程。

②2002—2003 年枯水期，实施了其余全部工程，即：L#4 丁坝工程，L#5、L#6 丁坝坝体工程，官洲尾边滩守护工程，梅家洲边滩 R#1、R#2 两道护滩带工程。

其中，L#5、L#6 两道丁坝的护底、坝根护岸部分于 2000—2001 年枯水期清淤应急工程中实施。

5.4.2 施工期河道观测及变化情况

5.4.2.1 初步设计至 2001—2002 年枯水施工图设计阶段

初步设计阶段采用的是 2001 年 9 月初的河道测图资料，2001—2002 年枯水施工前进行了两次水道地形和工程区局部河床地形测量，即 2001 年 12 月、2002 年 2 月两次。

根据测图分析，初步设计至 2001—2002 年枯水施工图设计阶段张家洲水道整体河势保持稳定，南港下浅区有所冲刷发展，航道下口宽度较窄；新洲边滩上段略有冲刷，下段略有淤积，总体上变化不大；下浅区深泓平面位置基本未变；L#1 ～ L#3 丁坝坝区河床普遍冲刷，从 2001 年 9 月至 2002 年 2 月，L#1 ～ L#3 丁坝头部分别冲深 2.65m、3.04m 和 1.35m。

5.4.2.2 2002—2003 年枯水施工图设计阶段前测量

两次测量：2002 年 8 月为度汛观测；2002 年 10 月进行了一次全河段、工程区地形测量，为本届枯水施工图设计测量。

根据测图分析：

（1）比较南港下浅区 2001 年 8 月和 2002 年 8 月两期的水道地形，下浅区整体呈冲刷态势，4m 线（航行基面下，下同）宽度由 280m 冲刷拓宽为 580m，5m 线由断开 1 800m 冲刷为断开 490m。新洲边滩的变化基本表现为前冲后淤，2m 线（航行基面上）前段冲刷 60m，后段淤积 40m。

（2）比较工程区两期地形变化：L#4 丁坝近岸 100m 范围内大量淤积，淤积幅度厚达 1m 左右，而向外 300m 范围有近 1m 的冲深。L#5 丁坝近岸 70m 范围内有所淤积，其他变化不大，但与清淤工程实施前地形相比，仍淤积 1m 左右。L#6 丁坝地形变化不大但与清淤工程实施前地形相比，仍淤积 0.5m 左右。R#1 护滩带地形变化不大。R#2 护滩带地形大量淤积，幅度厚达 2 ～ 3m。

5.4.2.3 2003年度汛观测

张南整治工程实施后，直接经受着2003年汛期水位过程的考验，为了及时掌握工程效果及建筑物的稳定性，长江航道建设指挥部分别于7月、9月、10月布置了工程区河床地形和水文的观测。根据此三次观测的地形图与工程前地形图对比分析，下浅区河床演变正向预期设计目标发展，航道条件明显改善，具体分析如下：

（1）下浅区深泓的变化：工程后深泓右摆，最大摆幅达100m。以前研究结果表明，深泓右摆是下浅区航道条件好转的有利条件之一。航道纵向深泓普遍冲刷，冲刷幅度在1m左右，最小水深已在航行基面下4.6m。

（2）边滩的变化：

①新洲边滩：左岸丁坝建成后新洲边滩明显淤积增高、扩大，2003年8月航行基面0m线比工程前2002年9月有明显扩大，最大扩幅达350m；2003年8月航行基面上3m线比2002年9月也有所扩大，最大扩幅达150m。

②官洲边滩：官洲尾护岸完成后没有明显的冲淤。

③梅家洲边滩：梅家洲两道护滩带实施后，0m线基本没有变化，航行基面上3m线局部略有淤涨，最大幅度为50m。总体变化不大。

（3）新洲夹的变化：全夹套河床高程在年际间变化不大，冲淤幅度在1m左右，新洲夹相对稳定。

（4）丁坝局部河床的变化。从开工前地形与2003年7月、9月测图比较还表明：虽左岸丁坝间坝田普遍淤积，但各丁坝局部有不同程度的冲刷，冲刷范围位于坝头外侧和勾头内侧的护底排边缘；官洲尾护岸工程处没有明显的冲刷；梅家洲护滩带除L#1护滩带头部略有冲刷外，其他均略有淤积。

以上观测结果表明：张南工程建成后，下浅区深泓右摆，航道内普遍冲刷，航道条件明显改善；丁坝坝田间普遍淤积，保持了新洲边滩的完整并使之淤积扩大，限制了深泓左摆的趋势，同时官洲尾护岸及梅家洲护滩带起到控制右岸边滩的作用，使其保持稳定，达到了工程预期目的。

5.4.3 设计方案优化、调整情况

5.4.3.1 2001—2002年枯水施工图设计阶段的方案调整

（1）本阶段建设项目为左岸L#1～L#3共三道丁坝工程，工程平面布置与初步设计阶段是一致的。

（2）根据测图及现场踏勘情况，L#3、L#4丁坝间岸线崩塌严重，已危及新洲头部及拟守护的L#3、L#4丁坝坝根的安全，因此，本阶段增加了对该区

段岸坡的加固工程。

（3）本届枯水季开工较晚，且春汛在即，按现场施工能力，L#1 ~ L#3 丁坝工程及 L#3、L#4 丁坝间加固工程不可能在 2002 年汛前完成，但为了工程的稳定，并确保与下届枯水施工的顺利衔接，设计要求本届枯水季完成陆上工程及丁坝护底，并沿坝轴线按设计断面至少平抛厚 2m 的沙枕，形成坝体雏形。

5.4.3.2　2002—2003 年枯水施工图设计阶段的方案优化

本期工程项目为：左岸 L#4 ~ L#6 共三道丁坝工程，右岸官洲尾护岸、梅家洲边滩 R#1 和 R#2 两道护滩带工程，以及 2 艘 15m 灯船和 1 座钢筋混凝土塔形标等助航设施。

本阶段对初步设计方案（Z04 方案）在南港下浅区新的地形上进行了试验研究，结果表明：设计方案仍然具有较好的工程效果，两阶段的试验结果基本一致，再次验证了方案实施后能够满足设计通航要求；但同时也表明，方案中护岸工程及护滩带工程的布置还可进一步调整：

①在官洲尾边滩护岸的位置，上游 57 号模型断面以上近岸流速变化不大甚至略有减小，而下游 60 号模型断面以下近岸流速增加，说明上游护岸长度可以适当减少（原护岸起点位于 56 号断面附近），下游护岸长度可以适当增加（原护岸止点位于 59 号模型断面附近）；

②左岸丁坝群建设后，右岸梅家洲边滩近岸流速普遍有所增加，在两道护滩带之间有局部滩岸发生崩塌，说明两者之间距离偏大，掩护长度略有不够。

针对以上问题，作如下调整：

①将官洲尾边滩护岸起点下移 270m（57 号模型断面附近），止点下移 150m（60 号模型断面附近），以加强洲尾岸线的守护，调整后，护岸长度为 955；

②将梅家洲边滩 R#1 护滩带位置向上游平移 50m，以适当缩小 R#1 护滩带与官洲尾护岸的距离；

③将 R#2 护滩带位置向上游平移 140m，以适当缩小两护滩带之间距离，加强对梅家洲边滩主体的守护。左岸建筑物的布置保持不变。

进一步试验得出：方案优化后，右岸滩缘局部冲蚀减少，边滩守护更加稳定，说明所做的调整是合理的。

5.4.3.3　2003—2004 年枯水期实施维护工程

张家洲南港航道整治工程竣工后，张家洲南港下浅区的河势得到了有效的控制，坝田整体淤积，边滩完整，深泓右摆，航道内普遍冲刷，航道条件明显改善，整治建筑物保持了稳定，虽然坝后形成局部冲刷坑，但均在护底排以外，坝头外侧河床冲刷幅度不是太大，尚未波及坝脚。但是，从有关资料上看，2003 年是中小水年，丁坝对水流的作用还不是最为强烈，且目前冲刷坑已深入护底排内，因此，从确保建筑物的稳定考虑，为防止不利水流条件下冲刷范围扩大而危及坝体安全，采取了维护加强措施。

（1）维护方案。

①根据2003年度测图分析，L#1～L#4丁坝坝头外侧河床冲刷较为剧烈，在该4处采用平抛石措施加强守护，以防继续冲刷发展。L#1 丁坝受水流顶冲作用最强，抛石厚为1.0m，其余为0.6m。

②L#1、L#2、L#3、L#5丁坝坝后冲刷坑深度较大，在该4处冲刷坑影响范围内采用平抛枕措施加强局部河床守护，枕上加抛块石盖面，保护沙枕不受人为破坏。L#1丁坝坝后冲刷坑深度较其他丁坝大，平抛枕3层，按1m总厚度控制，其余冲刷坑平抛枕2层，按0.7m总厚度控制，枕上盖面块石厚度均为0.3m。

（2）维护范围。

①抛石维护范围：L#1～L#3丁坝为沿受冲刷的外侧排体及边缘外5m守护范围；L#4丁坝为转折点至勾头外侧15m宽范围。

②抛枕维护范围：L#1、L#2、L#3、L#5丁坝冲刷坑的最深点至排体内10m的冲刷范围。

（3）总抛枕量为1.29万m^3，总抛石量为2.13万m^3。

5.4.3.4 施工工艺调整

在张家洲南港航道整治工程施工图设计过程中，丁坝护底采用了传统的D型排，但在初期护底施工过程中发现在近岸水流流速较小的情况下，D型排沉放比较顺利，而在离岸较远的深水区（丁坝勾头段），在D型排沉放时，常会出现排布撕裂而导致沉排失败的情况，造成重复施工和材料损耗，不仅让施工单位蒙受了经济损失，而且也影响了施工工期和进度。

设计人员根据所了解的情况及长江中下游河道特点，针对丁坝坝头的深水区域的护底排结构设计开展了多次讨论，在总结以往D型排优缺点的基础上，通过现场调查、咨询、理论分析、计算等措施，针对张家洲南港的施工条件，制定出适用于深水流急区域施工的D型排优化结构形式。为防止排体横向撕裂，在原D型排的结构中，沿排体纵向一侧（用于迎水面）每隔1.5m加横筋一条，横筋长3m，宽5cm，外带长5cm系结环，材料规格同纵向加筋条。

优化后的护底排应用到工程施工中后，表明能适应深水区域的施工条件，沉放效果明显改善，减少了撕排、费排的不良后果，并且保证了工期，同时护底质量明显提高，成本相对降低，达到了预期优化设计的目的。

5.4.4 施工期设计变更

5.4.4.1 设计变更类型

张家洲南港航道整治工程施工期设计变更主要有以下四种类型：

（1）工程位置的变更：比如大套口沿岸标调整为改建官厂过河标以及官洲尾枯水平台的位置的提高。

（2）由于施工条件的变化，施工工艺的变更：由于水位偏高，为保证工期，无纺布施工工艺的变更，对L#3、L#4坝间岸坡防护工程间沉排排头的处理。

（3）为了保持工程的稳定，对某些部位加强或加固：比如增加的新洲夹（既新洲L#3、L#4坝间护岸背部）护岸工程设计，L#3、L#4坝间岸坡防护工程间的加强设计，官洲尾干滩铺X型排最下游齿墙部位的加强处理，L#6、L#5、L#4丁坝工程护岸加强设计与L#3、L#4坝间岸坡防护工程的设计，L#3丁坝上游窜沟的处理，官洲夹出口崩岸的处理。

（4）工程结构的变更：官洲尾护岸增加了截水沟设计，官洲尾8#、9#桩之间护坡结构的变更，官洲尾护岸工程吹沙处理淤泥层。

5.4.4.2 工程施工期设计变更情况

工程河段复杂多变，年际及年内河床地形都在不断调整变化，实施过程中，在坚持设计原则和建设标准的前提下，根据实施条件的变化作必要的动态优化调整，以取得最好的工程效果。各单位工程的主要设计变更情况简述如下：

（1）L#1丁坝工程

进行了一次设计变更。

时间：2003年3月。

事由：水位上涨，原设计枯水平台高程处淹没，导致部分陆上施工部位变为水下施工。

内容：枯水平台高程由黄海7.2m抬高至10m。

（2）L#2丁坝工程

进行了一次设计变更。

时间：2003年3月。

事由：水位上涨，原设计枯水平台高程处淹没，导致部分陆上施工部位变为水下施工。

内容：排头沟槽由距坝根97m处平移至55m。

（3）L#3丁坝工程

进行了二次设计变更。

①第一次设计变更，2002 年 12 月。

事由：由于坝头段流速较大，沉排过程中出现撕排现象。

内容：勾头部分水上沉排加横筋。

②第二次设计变更，2003 年 4 月。

事由：L#3 丁坝位于新洲头部下游 50m，但该处由于洲头阻水作用形成局部窜沟，影响坝根安全。

内容：在窜沟内平抛 50cm 块石守护，防止其进一步发展。

（4）L#3、L#4 丁坝间岸坡防护工程

共进行了二次设计变更。

①第一次设计变更，2003 年 1 月。

事由：L#3、L#4 丁坝间岸坡守护工程实施后，经过一个洪水期，原岸坡守护工程护底前部的深坑冲刷严重：面积增大，深度加深，并且已经开始淘刷部分护底，直接影响着 L#3、L#4 丁坝间岸坡守护工程的安全。因此，设计 L#3、L#4 丁坝间岸坡守护加强工程对原工程进行加固，加强对该处新洲岸坡的守护。

内容：采用沉排、抛枕、抛石措施加固。

②第二次设计变更，2003 年 1 月。

事由：因新洲夹（新洲 L#3、L#4 坝间护岸背部）崩岸严重，而此处又是新洲的最窄处，仅剩十余米，直接影响着整个张南工程。因此，拟在此处设计护岸工程进行守护。

内容：沿长度方向自长委护岸终点往下游 150m，宽度方向从马道至枯水平台外 20m 的范围内抛石守护。

（5）L#4 丁坝工程

进行了一次设计变更。

时间：2003 年 1 月。

事由：因 L#4 丁坝护岸工程与 L#3、L#4 坝间岸坡防护工程间有一段长度为 80m 的新洲岸坡没有守护，且 L#4 丁坝护岸没有设计衔接段，为预防将来此处冲刷崩岸（该段新洲宽度仅有 39m），而影响 L#4 丁坝的安全，在该段设计护岸延续工程对新洲岸坡进行守护。

内容：

①增加 L#3、L#4 坝间岸坡防护工程与 L#4 丁坝护岸工程间的岸坡守护，守护范围为：长度方向，L#3、L#4 坝间岸坡防护工程尾端至 L#4 丁坝护岸工程上游起点，长度为 80m；宽度方向，马道至枯水平台外 47.5m。

②增加 L#4 丁坝护岸下游方向衔接段，长度方向：L#4 丁坝护岸工程往下游方向 20m。

(6) L#6 丁坝工程

进行了一次设计变更。

时间：2004 年 11 月。

事由：因 L#6 丁坝坝根上下游方向新洲岸坡崩岸严重，直接影响着岸坡稳定及整体工程的安全，因此，对该处崩岸进行修整、加固。

内容：抛石。修整范围为，长度方向为自 L#6 丁坝原护岸往上下游方向各 100m，宽度方向为水平距离约 36m。

(7) 官洲尾护岸工程

主要进行了两次设计变更。

①第一次设计变更，2003 年 2 月，变更原因及内容：

A. 由于本枯水期张家洲南港水道水位变化特殊，造成施工困难，为保证工程进度，同时在保证工程稳定性的前提下，拟变更枯水平台的位置：由黄海高程 7.20m 提高到 8.5m。

B. 8 号、9 号桩之间的护坡由于淤泥层较厚，造成施工困难，为保证工程进度，同时在保证工程稳定性的前提下，拟改原护坡结构为干滩铺 X 型排，缝内填碎石。

C. 由于提高枯水平台，0 号～6 号桩需增加平均长度为 7m 的 D 型排；另外，8 号～11 号桩的脚槽位置有不同程度的上提。

②第一次设计变更，2005 年 1 月：

事由：根据九江航道处 2004 年 12 月 1 日测图与官洲尾护岸工程施工前测图对比，官洲夹出口河底高程冲深为 2～4m，左岸有明显崩退现象，对官洲尾下端护岸工程的稳定构成了一定的威胁。为防止官洲尾部夹套一侧的河岸继续崩退，危及下端护岸工程的安全，拟采取抛石防护工程措施。

内容：首先对官洲夹出口左侧长 200m 的 *AB* 段岸坡削坡整理（随坡就势），坡比不陡于 1:2，水上岸坡至顶面马道内铺设 400g/m^2 的无纺布，然后从坡脚向官洲夹河心水平 20m 的范围内平抛 0.5m 厚块石，坡上干铺 0.35m 厚块石，并在顶面铺设 2m 宽、0.35m 厚马道。

5.4.5 动态管理效果

(1) 确保了张家洲水道航道整治工程的工程整治效果。

整治工程实施后，丁坝起到了对水流结构的调整作用，主流右移，边滩（左边滩）上流速减小，航槽内流速加大，断面流速分布由平坦型转为相对集中型；航道内普遍冲刷，航道条件明显改善；丁坝坝田间普遍淤积，保持了新洲边滩的完整并使之淤积扩大，限制了深泓左摆的趋势，达到了工程预期目的。

（2）保证了张家洲水道航道整治工程的安全和稳定。

在左岸丁坝群中，有 4 道丁坝处在迎流顶冲状态，起调整水流作用，后 4 道丁坝处于缓流区，起固滩作用；右岸官洲尾护岸及梅家洲护滩带起控制边滩冲刷的作用，使航槽保持稳定。施工图设计阶段针对建筑不同的功能和设计条件进行了局部优化和调整，特别是基于丁坝周围的水流结构及泥沙运动特点的认识，提出了在迎流顶冲条件下的新型丁坝结构形式，从而保证了建筑物的安全和稳定。

（3）保证了张家洲水道航道整治工程的工程进度，按期完成了工程建设。

（4）控制了张家洲水道航道整治工程的总投资。

5.4.6 结论

工程河段复杂多变，年际及年内河床地形都在不断调整变化，实施过程中，在坚持设计原则和建设标准的前提下，根据实施条件的变化作必要的动态优化调整，可以取得最好的工程效果；在工程实施后期，随着整治建筑物逐步实施到位，整治效果也将逐步显现，有必要安排工程观测，掌握河道的变化情况，适时调整局部工程内容。

5.4.7 案例分析

张家洲水道位于长江下游，上起九江市锁江楼，下至八里江口，全长 32km，地处鄂、赣、皖三省交界处，水道为双分汊河型，北港在 1989 年以前为枯水季主航道，汊道内浅区达三四处之多，主要浅区在上口代家营和杨家湾之间，其次在程家营一带，其枯水航槽狭窄多变。为了改善张家洲水道的航行条件，解决枯水期碍航问题，保证航行安全，2001 年 12 月交通部批准对其进行整治。

张家洲南港航道整治工程选择航道条件相对较优的南港作为整治对象，对初步设计阶段设计方案（Z04 方案）在南港下浅区新的地形上进行了试验研究，结果表明：设计方案仍然具有较好的工程效果，两阶段的试验结果基本一致，再次验证了方案实施后能够满足设计通航要求；但同时也表明，方案中护岸工程及护滩带工程的布置还可进一步调整，进一步试验得出：方案优化后，右岸滩缘局部冲蚀减少，边滩守护更加稳定，说明所做的调整是合理的。

在初期护底施工过程中发现，在近岸水流流速较小的情况下，D 型排沉放比较顺利，而在离岸较远的深水区（丁坝勾头段），在 D 型排沉放时，常会出现排布撕裂而导致沉排失败的情况，造成重复施工和材料损耗，不仅让施工单位蒙受了经济损失，而且也影响了施工工期和进度。 优化后的护底排应用到工程施工中后，表明能适应深水区域的施工条件，沉放效果明显改善，减少了撕排、费排的不良后果，并且保证了工期，同时护底质量明显提高，成本相对降低，达到了预期优化设计的目的。

航道整治过程中对工程设计、工程施工期设计均根据实际情况运用动态管理的理念进行了设计变更，确保了张家洲水道航道整治工程的工程整治效果，保证了张家洲水道航道整治工程的安全和稳定，保证了张家洲水道航道整治工程的工程进度，按期完成了工程建设，同时，减少了张家洲水道航道整治工程的总投资。

5.5 长江下游马当河段沉船打捞工程动态管理案例

5.5.1 工程概况

马当河段位于长江下游九江市与安庆市之间，全长 22km。其下段为马当阻塞线水道，水道内有抗日战争时期布设的，由沉船、水雷等障碍物组成的马当阻塞线，是长江下游著名的浅险水道之一。20 世纪 80 年代后，马当阻塞线附近河道右侧边滩淤长，深泓左移至未经打捞的沉船区，致使马当阻塞线水道航道狭窄、左险右浅，航道形势恶化。每年枯季，航道部门均要投入大量的人力、物力，采用调标疏浚、爆破等手段进行维护，但航道条件仍然较差，枯季大型航队常需侯槽、减载通过，给航运企业造成较大的经济损失。为改善马当河段航道条件，确保航道畅通，长江航道局于 2000—2003 年实施了长江下游马当河段沉船打捞工程。长江下游马当河段沉船打捞工程示意图如图 5-7 所示。

5.5.1.1 工程概况

（1）航道建设标准

4.0m × 100m × 1 000m（水深 × 航宽 × 弯曲半径），保证率 98%。

（2）整治原则

因势利导，根据变化了的主流及深泓分布调整航槽位置，合理确定打捞范围。

（3）工程方案

在设计打捞范围为 770m × 200m 内。打捞并清除 7 艘铁质沉船，清除水雷疑点及其他障碍物。

（4）工程投资

工程概算为 2 600 万元，由交通部投资。

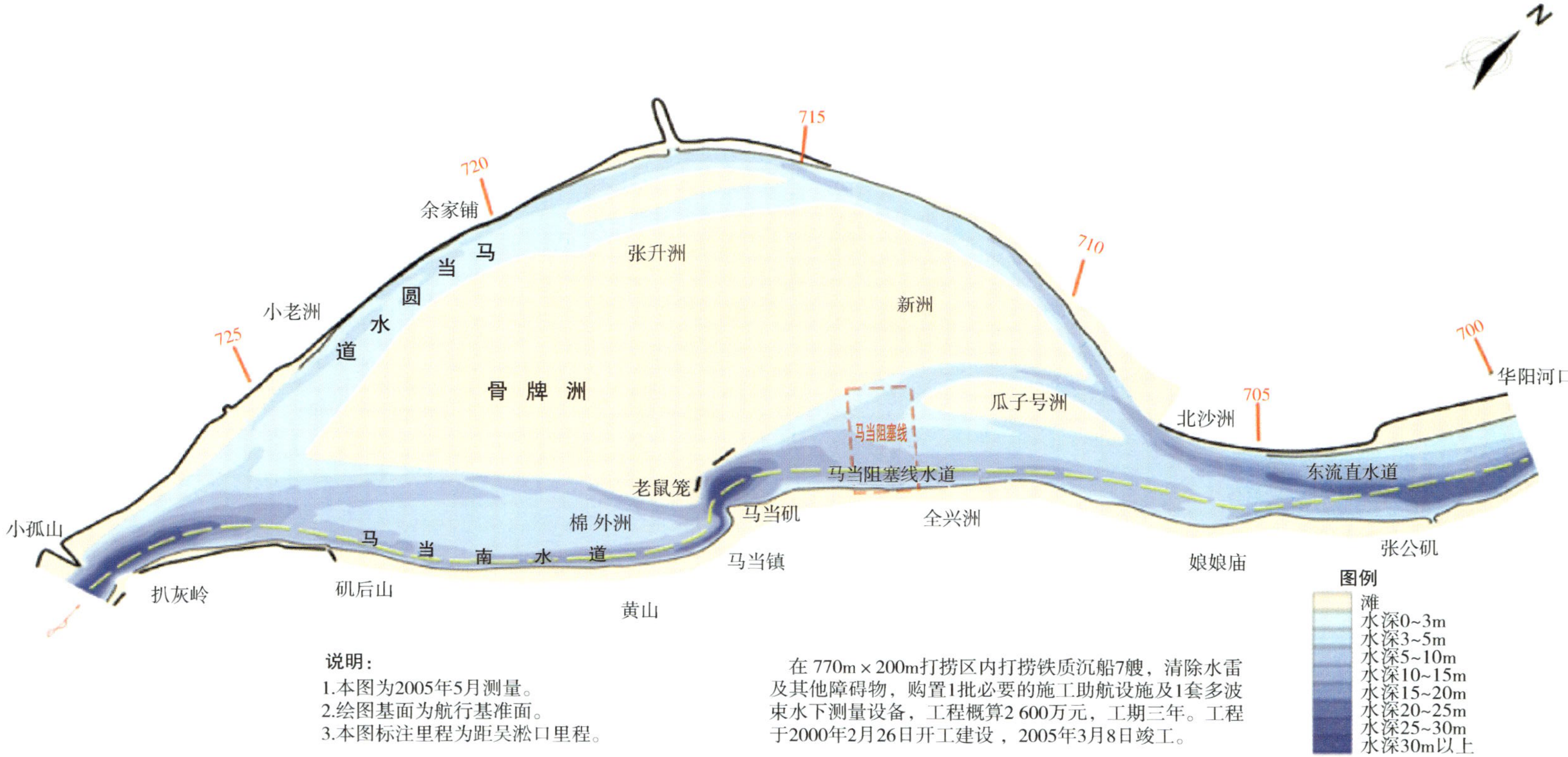

图 5-7　长江下游马当河段沉船打捞工程示意图

5.5.1.2 工程主要特点

（1）由于沉船及其他障碍物淤埋于河床之下，设计阶段及开工前不能直接探测到障碍物的具体情况，沉船及水雷疑点均是根据磁法探测所获得的资料反演解释所得，是一种间接探测方法。因此，工程开工前对打捞对象的准确坐标、船型、吨位、淤埋情况、破损情况等均不是十分清楚。施工期间需根据清淤后打捞对象的具体情况，对打捞方案不断优化。

（2）由于沉船沉入水下已达60年以上，破损严重，仅用常规打捞方法难以将沉船打捞出水，水雷疑点清除无成熟施工工艺，因此，施工时应突破常规，创新打捞施工工艺。

（3）施工过程中应清除水雷疑点，采用潜水作业、爆破作业方法，风险较大，安全隐患多。

5.5.1.3 工程实施情况简介

工程于2000年2月开工，2003年3月完工，历时三个枯季，主要工程内容为：在设计打捞区内，排除水雷疑点2个，打捞并基本清除了5个磁常点以下的7艘铁质沉船，清除了木质沉船、石堆及其他障碍物。

Mb1、Mb2两个水雷疑点采用钢套箱方案进行清淤处理后，经潜水员探摸认定，Mb1处为沉船残骸，Mb2未发现异常物，经进一步磁法探测后，排除了Mb2点水雷的存在。

打捞并清除了M2、M3 、M4、M5、M6磁异常点下的铁质沉船7艘、设计打捞区内的木质沉船、石堆及其他障碍物。其中，M2、M3 、M4、M6四个磁异常点下的沉船残骸基本打捞干净，但M5点下的沉船底板在航行基面以下15.5 ~ 19.5m，该沉船的主体打捞出水后，剩余的部分底板不影响今后航道的使用，因此，放弃打捞。

5.5.1.4 工程效果

沉船打捞后，有利于打捞区及其下游河床的冲刷。在沉船打捞过程中，沉船区及其下游处于持续冲刷过程之中，根据2002年3月12日工程区域1:2 000测图，工程区域水深均增加至4.0m以上，已满足设计航道尺度要求，因此，经上级部门同意，取消了初步设计中的疏浚工程。

5.5.2 施工期河道观测及变化情况

5.5.2.1 河道观测

（1）施工设计阶段河道观测

初步设计完成后，为了更准确掌握沉船的有关资料，长江航道规划设计研究院与中国地质大学联合于1999年12月～2000年1月和2000年5月两次采用磁法、浅震法综合物探对设计打捞区进行了更为详细的勘察，根据探测成果，较初步设计相对准确地确定了沉船及水雷疑点位置，调整了需打捞的铁质沉船数量。

每届枯季施工图设计前均进行了打捞区河道地形测量，由设计单位提出计划，长江航道建设指挥部组织实施。

（2）开工前测量

每届枯季在开工前均对施工区域进行了设计打捞区地形测量，由施工单位组织实施，如发现河道变化较大，则上报长江航道建设指挥部，由设计单位根据开工前测图进行设计变更。

（3）施工期间河道观测

包括施工期间及交工验收的河道观测，主要由施工单位根据质量、进度需要进行观测。交工验收包括地形测量和打捞点的磁法探测，磁法探测由长江航道建设指挥部组织实施。

（4）竣工验收河道观测

由长江航道建设指挥部组织实施，分为水道地形测量、硬式扫床和磁法探测。

5.5.2.2　河道变化情况

施工期间河势稳定，但随着沉船的打捞，设计打捞区及其下游逐渐冲刷，每条沉船打捞之前，其周围水深均达到5.0m以上，基坑开挖之前，均不需进行面层清淤。至2002年2月，已基本完成打捞作业。2002年3月12日，马当阻塞线水道上下深槽4.0m线贯通，初步设计基建性挖槽区水深均在4.3m以上。

5.5.3　设计方案优化、调整情况

（1）根据实际情况，调整了施工进度。2000—2001年枯季施工图设计原计划仅打捞M2－#1、M2－#2、M2－#3沉船剩余部分、M3－#1、M4－#1沉船，但本届枯季施工十分顺利，设计单位及时补充完成了M5、M6两个磁异常点下沉船的施工图设计，使工程得以顺利实施。

（2）2000—2001年枯季施工拟清除Mb1、Mb2两个水雷疑点及M2－#1、M2－#2、M2－#3三艘沉船，但施工进行得很不顺利，当届枯季未完成以上项目，为此，设计单位在2001年汛期利用施工间歇阶段，召开了一次大型专家咨询会，邀请国内权威打捞、爆破专家及参建各方总结施工经验及教训、共同探讨施工方案，通过这些措施，在下一步施工图设计中对清除水雷疑点、打捞沉船施工方案进行了优化，提出了沉船分块解体打捞方案，并对水雷疑点、沉船分段、分块爆破施工工艺进行了优化。

（3）取消了打捞区下游的疏浚工程。

5.5.4 施工期设计变更

（1）重大设计变更

长江下游马当河段沉船打捞工程进程中无重大设计变更。

（2）较大设计变更

长江下游马当河段沉船打捞工程较大设计变更由设计单位编制设计变更文件，由长江航务管理局审查，报交通部备案。

长江下游马当河段沉船打捞工程有一个较大设计变更，变更内容为取消原设计中的基建性疏浚项目，设计单位编制了《关于长江下游马当河段沉船打捞工程取消基建性挖槽项目的说明》。

（3）一般设计变更

长江下游马当河段沉船打捞工程一般设计变更由设计单位编制设计变更文件，由长江航道局审查。主要有以下几方面的设计变更：

①调整了清除水雷疑点的施工工艺。在总结初期清除水雷疑点施工经验的基础上，通过与现场各方共同研究，将清除水雷疑点施工工艺调整为“钢套箱施工法”。

②调整了沉船打捞施工艺。在设计阶段，沉船打捞方案有整体打捞和分段解体打捞两种，施工期间，根据清淤后潜水员探摸成果及初期打捞经验，将沉船打捞施工工艺调整为分段解体打捞和分块解体打捞相结合。

③变更了沉船打捞数量、尺寸及清淤工程量。根据每个磁异常点清淤后潜水员探摸成果，变更了沉船打捞数量、尺寸及清淤工程量，其中铁质沉船数量由设计时的 9 艘调减为 7 艘，部分沉船尺寸作了较大调增。

④适当扩大了打捞区范围。M3－#1 沉船清淤后潜水员探摸成果表明，M3－#1 沉船部分船体已超出设计打捞区右边线，为了较彻底清除沉船陷患，为将来航道维护疏浚提供安全保障，通过设计变更的方式，在 M3－#1 沉船局部扩大了打捞区，以将 M3－#1 沉船彻底清除。

⑤调整了沉船打捞标准，在初步设计及施工图设计中，要求将沉船主体部分彻底清除，但在实际施工过程中，M5 点下的沉船底板在航行基面以下 15.5 ~ 19.5m，再继续施工的难度及工程量较大，设计单位与有关各方研究后，认为基面 10m 以下的沉船残骸已不会对现行及将来航道产生不利影响，不需要继续打捞，因此，调整了该沉船的打捞验收标准。

⑥施工机具及进度的调整。

5.5.5 动态管理效果

长江下游马当河段沉船打捞工程通过动态管理取得了较好的效果，主要体现在以下方面：

（1）通过测量、磁探、地震法探测、潜水员探摸等多种探测方法，为施工图设计、设计优化及设计变更提供了可靠依据，工程方案较符合最新的河道变化情况。

（2）根据沉船打捞施工后的河道变化情况，取消了打捞区下游的疏浚工程，节省了工程投资。

（3）由于在每个磁异常点清淤完工前对打捞对象的实际情况不是十分清楚，在施工图设计中针对不同的假设情况对施工工艺进行了多方案设计，以便施工时灵活操作，最大限度地保证了工程顺利进行。

（4）通过不断总结经验、教训，召开总结会、专家咨询会等多种形式，创新了水雷疑点及沉船打捞施工工艺。

（5）建设单位代表、设计代表常驻现场，根据现场情况及时进行设计变更，保证了工程顺利进行。

（6）从本工程的最终效果看，本工程实施后河势稳定，工程区域河床高程基本稳定且满足设计航道尺度，船舶通航条件得到根本改善。

5.5.6 存在的问题

（1）第一届枯季施工工艺调整较为随意。

根据施工图设计要求，施工单位进场后，沉船打捞施工首先进行面层及船体四周清淤，再进行探摸，然后进行船体打捞，但施工单位进场后，将面层、船体四周清淤及船体打捞合并进行，加之选用的施工机具不是十分合理，造成第一个施工期未完成 M2－#1、M2－#2、M2－#3 沉船打捞。

（2）对潜水员探摸资料利用不充分。

本工程与一般航道整治工程在资料上有较大的区别，设计所依据的资料为间接的磁法反演解释资料，准确的资料需根据潜水员探摸和打捞上来沉船残骸来确定。在这一过程中，有大量的潜水员探摸资料，由于整理、分析不充分，未能充分利用。

5.5.7 案例分析

马当河段位于长江下游九江市与安庆市之间，全长 22km。其下段为由沉船、水雷等障碍物组成的马当阻塞线，是长江下游著名的浅险水道之一。工程于 2000

年 2 月开工，2003 年 3 月完工，历时三个枯季，主要工程内容为：在设计打捞区内，排除水雷疑点 2 个，打捞并基本清除了 5 个磁常点以下的 7 艘铁质沉船，清除了木质沉船、石堆及其他障碍物。

由于沉船及其他障碍物淤埋于河床之下，设计阶段及开工前不能直接探测到障碍物的具体情况，沉船及水雷疑点均是根据磁法探测所获得的资料反演解释所得，是一种间接探测方法。

由于沉船沉入水下已达 60 年以上，破损严重，仅用常规打捞方法难以将沉船打捞出水，水雷疑点清除无成熟施工工艺，因此，施工时应突破常规，创新打捞施工工艺。施工过程中应清除水雷疑点，采用潜水作业、爆破作业方法，风险较大，安全隐患多。

沉船打捞后，有利于打捞区及其下游河床的冲刷。在沉船打捞过程中，沉船区及其下游处于持续冲刷过程之中，根据勘测满足设计航道尺度要求，因此，经上级部门同意，取消了初步设计中的疏浚工程。

航道整治工程实施过程中，对施工设计阶段、施工前、施工期间的河道进行实时观测，并根据实际情况对施工进度进行调整，运用动态管理的理念，使得航道整治工程取得预期效果的同时节省了工程预算，为后期运用动态管理理念对航道进行整治积累了丰富的经验。

5.6 长江下游东流水道航道整治工程动态管理案例

5.6.1 东流水道基本情况

长江下游东流水道位于安徽省境内安庆市以上 30 ~ 61km，上起华阳河口，下至吉阳矶，全长 31km，属顺直分汊河段，河道内江心洲滩由上而下，分布在全河段内，主要洲滩有老虎滩、天沙洲、玉带洲、棉花洲以及枯水期方能露出水面的潜洲，这些分布于江中连续的洲滩，将东流水道分为多汊水道，但主要过流汊道为莲花洲港、西港、东港三个。

东流水道历来是长江下游重点浅险水道之一。从 1950 年至今已经有 17 年枯水期，航道水深或航宽不能达到该河段的航道通航维护尺度标准、航道变迁的主要原因是航道随主流的变化在莲花洲港（简称左汊）或西港（简称右汊）间，周期性的摆动，特别是主流在两汊间交替的摆动过程的年份；枯水期左、右汊口、航道水深不足，航道条件恶劣，航道维护工作量大、维护困难，造成阻碍船舶安全航行，水上交通安全事故多发的局面。工程布置如图 5−8 所示。

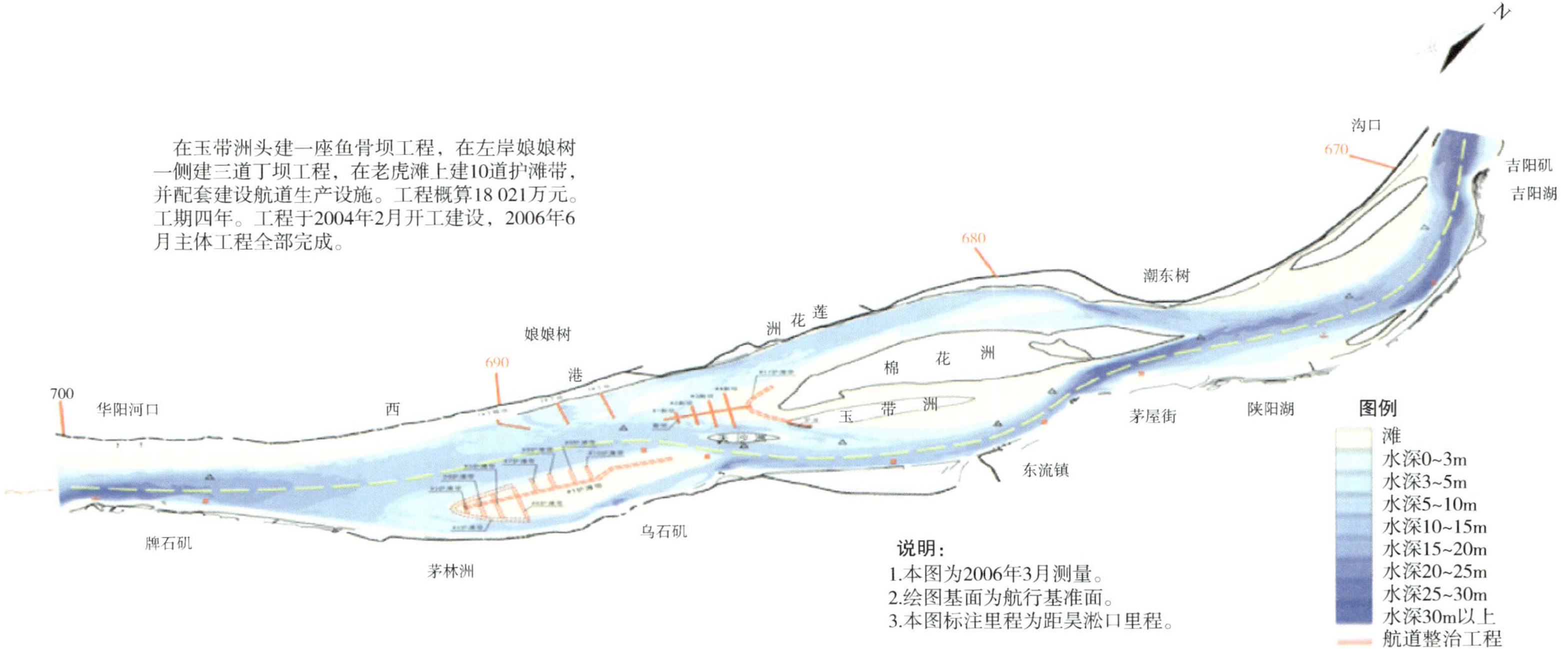

图 5-8　长江下游东流水道航道整治工程示意图

5.6.2 航道治理原则

东流河段是一个江心多滩，多汊道分流的顺直河段。由于这种多汊分流的河势条件。洲槽变化频繁，航槽极不稳定这是本水道碍航的主要原因。

东流水道不但是长江下游碍航的重点水道。该水道左汊（莲花洲港）北岸是安徽省“同马大堤”重点防洪险工堤段，同马大堤后面是安徽省皖北平原，安徽省第二大城市安庆市地处在东流水道北岸下游40km处，同马大堤是安徽省重中之重的防洪大堤。

因此，根据该河段的基本特征，对东流水道航道整治的原则是：稳定洲滩、控制分流、改善航道、兼顾堤防。

稳定洲滩、控制分流：该河段上下所形成洲滩较多，而且不稳定；河道中汊道多，水流分散。通过本工程布置的三大部分工程设计方案的实施，达到稳定上下滩群完整，使之形成较为稳定的分汊河流格局，通过左岸三道丁坝群以及下滩群控制工程，来控制减少北汊莲花洲港的流量，增加西港流量。

改善航道、兼顾堤防：西港近年来航槽发展较快，已成为枯水期主要航道，治理西港，是为了使西港成为枯水期较为稳定的过渡航槽，增加和改善西港航道水深、航宽和弯曲半径。该河段北岸是安徽省长江同马大堤，其为长江干堤，属长江重点险工段。因此，对该河段的航道治理方案布设上要充分考虑航道治理对北岸堤防的防洪安全。

5.6.3 航道整治标准

长江下游武汉至安庆航段，航道整治前，枯水航道维护尺度为4.0m×100m×1 000m（航道水深 × 航宽弯 × 曲半径）；整治后，航道达到的标准为4.5m×200m×1 050m（航道水深 × 航宽 × 弯曲半径）。

航道整治参数如下：

设计水位：黄海高程2.69m（当地航行基准面0m）。

整治水位：设计水位上5m，即黄海高程5.69m。

整治线宽：两港过流段整治线宽度为1 400m。

5.6.4 工程整治方案的选择与调整

（1）整治汊道的选择

东流水道主要汊道有东港、西港、莲花洲港。东港处于该河段上段右侧，高水位处于缓流区，进口淤浅，低水位过水流量较小，占该河段总流量的14.8%，且不能作为枯水主航道；莲花洲港，位于该河段的左侧，1992 年后，该汊道逐年衰退，进口处水深较浅，洪水期为主汊，而枯水受水流坐弯影响，过流量减少成为支汊；西港，在莲花洲港处于衰退期间，却成为枯水期发展为主汊，也是该河段主流由左槽过渡到右槽（东港下航槽）的主航槽。

因此，选择西港为本河段航道整治主汊道。

（2）整治方案的选择

本工程在工可方案中，确定了“稳定洲滩、控制分流、改善航道、兼顾堤防”的整治原则，并选择西港为本河段航道整治主汊道。航道整治工程方案围绕着这一原则和治理目标，作了多种方案的选择，最后在工可方案中推荐治理西港方案包括三大部分：左岸丁坝群工程、右侧老虎滩守护工程、下滩群控导工程。

①左岸丁坝群工程：即在该河段左岸娘娘树一侧连续修建 3 道丁坝群，主要功能：一是调整、引导主流向西港过渡，以控制左岸已逐步淤积的边滩，促使尽快淤高形成一片较稳定的左岸边滩，枯水期促使水流归槽西港；二是限制莲花洲港的发展。

②右侧老虎滩守护工程：老虎滩位于该河段上段右侧江心滩，它将河道分为左、右汊道，左汊道为主航槽，右汊道为东港。老虎滩洲头的周期性崩退和上提，是形成本河段洲滩演变的主要因素，控制老虎滩头的崩退，防止老虎滩中部被横向水流切割，保持老虎滩高大完整。同时老虎滩头能得到有效控制，也能控制东港分流比的增加，使主流偏左，枯水季主流归槽。

③下滩群控导工程：该河段下段有连续几个零星洲滩，主要有天沙洲、玉带洲和棉花洲，将主河床分割成多汊河道。枯水季主要汊道有西港、天沙洲与玉带洲窜沟，以及莲花洲港等多汊形成的格局。枯水期，水流分散，不能形成主流，因此对下滩群的控导工程主要作用是控制西港与莲花洲港主流分流比，保持下滩群头部稳定，使下滩群形成整体，稳定西港过渡段平面位置，也是控制莲花滩港的流量，增加西港流量关键工程。工程可行性研究方案中采用守护天沙洲鱼嘴加格堤工程，封堵天沙洲与玉带洲之间的窜沟，以保证西港流量，提高西港水深。

（3）整治方案的调整

交通部对工程可行性研究方案的批复意见为：“原则同意整治工程的建设内容和工程建筑物布置方案，主要包括天沙洲洲头鱼嘴工程左岸丁坝群工程、老虎滩守护工程。”要求在下一阶段设计中，应根据实际的河势条件情况并经物理模型试验验证后，对工程方案进一步优化。

东流水道河势变化是比较频繁，而且具有周期性，2002 年所做的工程“工可”

方案。到2003年作工程初步设计方案，该河段所测新的河势地形图，河床地形又有了新的变化，原天沙洲与玉带洲之间窜沟进一步扩大和加深，天沙洲洲滩经过一个水文年后，已经被冲刷缩窄，有可能逐渐崩失。设计单位根据新的河势地形情况，在原有“工可”方案三大部分组成不变的条件下，在工程初步设计方案上作了进一步优化修改，将“工可”守护天沙洲鱼嘴工程方案修改为守护玉带洲洲头鱼骨坝工程方案。

5.6.5 建立动态管理机制，确保航道整治效果

东流水道是长江下游一个较为多变的浅水航道，我们在工程建设过程中根据航道整治工程河床和施工条件多变的特点，从确保航道整治效果目标出发，建立动态管理模式，对工程实施中遇到的技术问题，如航道变化、建筑物建设工序、时机、规模等，及时组织专家论证研究，适时对工程方案及时优化，使设计方案更能适应河床的变化和新的施工技术要求，确保工程顺利实施。航道整治工程实施动态管理，对于我们来讲是一个新的课题，在交通部及长航局主管部门的指导下，我们首先在管理中不断贯彻动态管理的思想，找准动态管理的切入点，最后把动态管理定位在以设计为基础的对方案、工期、概算进行不断优化调整的工作层面，并确定动态管理的最基础工作是对整治河床以及整治建筑物的加密观测，根据观测数据进行模型试验和科学论证，随时根据河床新变化优化工程设计方案，对工程费用按批准概算目标进行项目内的合理调整，确保整治效果和投资效益最大化。

（1）加强对河道水文、地形的原型观测，为工程设计方案优化提供可靠的技术资料。

长江中下游河道是一种多元沙质土壤结构的河床，河床极易冲刷变形，河床演变频繁，在工程实施阶段加强对河床地形和水文的观测是航道整治工程实行动态管理的基础工作。在东流水道航道整治工程实施过程中，我部根据长江年度水文变化情况，及时组织了对河床地形和水文的多次观测，获得了河床演变的第一手资料，为工程设计优化、物理模型试验提供了可靠的资料，为实现工程整治效果提供了保证。如2003—2004年枯水期所实施的玉带洲头和老虎滩头守护工程，防止了上述两个洲滩的继续崩退，遏制住了不利于航道整治的河势条件，并及时巩固了本工程初步设计方案的河势条件。又如我们根据2004年汛期所观测到的左岸莲花洲港的下深槽已经向上延伸，工程初步设计布置的三道丁坝坝址河床平均冲深超过5m，且莲花洲港流量增大、有继续加深的趋势，如果在2004—2005年枯季不实施三道丁坝，那么以西港为主航槽的整治方案很有可能不能实现。同时

通过模型试验将1号丁坝由原初步设计的丁顺坝修改为正挑勾头丁坝，以加强丁坝的挑流作用，保证主流挑向西港，减小莲花港的流量，确保工程效果。以此思路设计的方案得到了施工图设计审查会专家的认可，并得到上级主管部门的同意，在2004—2005年施工期提前实施了左岸三道丁坝工程。同时加强在2005年度汛期间的观测，发现丁坝和鱼骨坝坝头局部冲刷及时进行修复，保证了工程度汛期间的安全和整治效果的实现。

（2）增加物理模型和数模试验，为工程方案实施提供科学依据。

为合理有效地组织工程实施，我们除了加强对河道和河床的原型观测外，还打破过去模型试验只为工程设计方案提供依据的惯例，以物理模型试验成果指导总体工程分步实施安排和单位工程分期实施安排。例如，对于鱼骨坝与三座丁坝之间相互关系，以及三座丁坝和鱼骨坝与老虎滩中、后部守护范围的关系，我们均通过不同流量级模型试验成果来合理安排实施顺序，使整治建筑物之间相互依存、共同发挥整治作用。

（3）在确保工程整治效果的前提下，通过优化工程设计来调整工程概预算，以确保工程建设投资控制在工程概算范围内。

东流航道整治工程初步设计方案是2003年9月份审查通过的，当时所依据的是2003年初的地形图，到2004年8月河床地形比初步设计地形有了较大变化，原初步设计所确定的丁坝、鱼骨坝等整治建筑物护底范围内水下地形均出现了较大冲刷，特别是三座丁坝所在位置普遍冲深5m以上，筑坝工程量有较大增加，在施工图设计阶段如果不对鱼骨坝和丁坝工程结构进行优化设计，势必会突破工程概算。我们在施工图设计研讨过程中，根据鱼骨坝的四道刺坝布设位置和作用的差异，经进一步研究和模型试验论证，减弱了靠北侧的刺坝结构，而加强了靠南侧刺坝的结构。这样既达到了鱼骨坝的工程效果，同时也减少了其工程投资，可以将投资调整到左岸的三道丁坝。

（4）工程动态管理措施。

加强工程实施后的河床原型观测，及时进行河床演变分析，提早预见河道演变趋势，及时采取工程措施，以确保工程达到设计整治效果。

在东流水道航道整治工程实施期间，每年汛期我们都要根据工程项目实施进度有计划地安排对全河段以及工程建筑物进行观测，将观测资料进行河演综合分析研究，根据分析和研究成果对原设计方案进行论证修改，对重大的设计方案的修改能及时报请上级主管审批，使工程设计方案汛后能及时得到组织实施。

我们通过上述的动态管理措施，确保了东流水道航道整治工程的效果，工程建设投资也得以基本控制。

5.6.6 工程动态认识

（1）东流水道整治工程现已基本完成，在工程实施过程中的这种动态管理基本上是建立在科学的动态管理上。这种科学的动态归纳如下：

①加强了本工程的河道原型观测，及时对河势演变进行分析研究，适时合理地调整工程设计方案，确保航道整治工程目标的实现。

②加强了对工程设计方案的模型试验，不断地优化工程设计方案，在优化方案中有效地控制工程投资。

③适时合理地调整工程实施工期计划方案，工程实施期间，应优先实施控制河势的整治建筑物工程，来稳定设计方案中所需有利河势。这有利于工程设计方案的实施，避免工程设计方案有大的修改和调整。

（2）工程设计方案在“工程可行性研究”和“初步设计”阶段，对工程设计方案要做深做细，对河势的变化趋势要有预控能力，并需要有预备的工程设计方案供选用，必要时在“工程可行性研究”审批时，作为有条件的工程预案一起审批。

5.6.7 工程存在的问题及总结认识

（1）该工程到目前为止所有的建设项目均已完成，整治建筑物对河势的控制已经起到作用，东流水道西港过渡航槽基本稳定，但西港过渡航槽右岸顶冲段南岸东至县七里湖岸线出现局部冲刷崩岸，水利河道管理部门较为重视该处崩岸问题，要求航道部门采取积极守护工程措施来保护该段岸线的稳定。然而在东流工程设计方案中并未考虑到南岸东至县七里湖岸线的守护，其原因是：在做工程可行性设计方案和工程初步设计方案时，通过作该段河床物理模型和数理模型试验，所得出的成果反映，工程实施后，未改变西港主流流向，仍然是洪水取直，枯水坐弯，南岸七里湖沿岸流速比天然状态条件下，其流速只增加0.2m/s，不会引起岸线的崩塌。然而工程实施后，导流工程发生作用时却产生对岸线的崩塌影响，从该工程实例中可以看出航道整治工程的复杂性。

（2）老虎滩洲头的守护工程：守护老虎滩洲头，防止老虎滩头继续崩退，是该工程设计方案的个重要组成部分，然而本工程第一年实施后，老虎滩头右侧已经实施的 2 号护滩带工程边缘就有所塌陷，第二年左岸丁坝群工程实施后，2 号护滩工程进一步塌陷，说明本河段主流右移，目前对老虎滩头需要进一步采取工程措施，来稳定老虎滩头已实施的工程稳定，以确保整治工程效果。

（3）东流水道整治工程所出现的问题需要认真总结和认识：

一是，受现有的科研手段限制，在河工模型试验上，很难仿真观测到河岸的崩塌情况，不能为工程研究设计方案提供可供参考的依据。

二是，在工程设计方案研究阶段对本河段的河演变速度未能掌控，使后来的河势发生了大的变化，初步设计方案不能不作修正和调整，以及对该河段右岸发生崩岸情况认识不到，会对右岸防洪工程构成威胁，从而影响工程效果。

5.6.8 案例分析

长江下游东流水道位于安徽省境内安庆市以上 30 ~ 61km，上起华阳河口，下至吉阳矶，全长 31km，属顺直分汊河段。河道内江心洲滩由上而下，分布在全河段内，主要洲滩有老虎滩、天沙洲、玉带洲、棉花洲以及枯水期方能露出水面的潜洲。这些分布于江中连续的洲滩，将东流水道分为多汊水道，但主要过流汊道为莲花洲港、西港、东港三个。东流水道历来是长江下游重点浅险水道之一。航道变迁的主要原因是航道随主流的变化在莲花洲港（简称左汊）或西港（简称右汊）间周期性摆动，特别是主流在两汊间交替的摆动过程的年份；枯水期左、右汊口、航道水深不足，航道条件恶劣，造成，水上交通安全事故多发，阻碍船舶安全航行，使航道维护工作量大且维护困难。因此根据该河段的基本特征，对东流水道航道整治的原则是：稳定洲滩、控制分流、改善航道、兼顾堤防。选择西港为本河段航道整治主汊道。

东流水道是长江下游一个较为多变的浅水航道，我们在工程建设过程中根据航道整治工程河床和施工条件多变的特点，从确保航道整治效果目标出发，建立动态管理模式，对工程实施中遇到的技术问题，如航道变化、建筑物建设工序、时机、规模等，及时组织专家论证研究，适时对工程方案及时优化，使设计方案更能适应河床的变化和新的施工技术要求，确保工程顺利实施。航道整治工程实施动态管理，对于我们来讲是一个新的课题，在交通部及长航局主管部门的指导下，我们首先在管理中不断贯彻动态管理的思想，找准动态管理的切入点，最后把动态管理定位在以设计为基础的对方案、工期、概算进行不断优化调整的工作层面，并确定动态管理的最基础工作是对整治河床以及整治建筑物的加密观测，根据观测数据，进行模型试验和科学论证，随时根据河床新变化优化工程设计方案，对工程费用按批准概算目标进行项目内的合理调整，确保整治效果和投资效益最大化。

在航道整治过程中运用动态管理理念，施工过程中加强对河道水文、地形的原型观测，为工程设计方案优化提供可靠技术资料。增加物理模型和数理模型试验，为工程方案实施提供科学依据。在确保工程整治效果的前提下，通过优化工程设计来调整工程概预算，以确保工程建设投资控制在工程概算范围内。加强工程实施后的河床原型观测，及时进行河床演变分析，提早预见河道演变趋势，及时采取工程措施，以确保工程达到设计整治效果。

5.7 长江中游罗湖洲航道整治工程动态管理案例

罗湖洲水道位于长江中游湖北省境内，上距武汉市 58km，左岸为团风县，右岸为鄂州市。罗湖洲水道上起泥矶，下至三江口，全长 12km。该水道属典型的鹅头形分汊弯道，河道呈周期性变化，多次出现碍航局面，严重影响船舶航行，为长江中游重点碍航浅水道之一。2004 年 10 月交通部以交水发 [2004]593 号文批准本项目的初步设计。工程总投资 1.33 亿元。批准建设工期 2 年。工程布置如图 5–9 所示。

5.7.1 工程概况

本工程根据因势利导的原则，抓住有利时机，选择航道条件较好的碛矶港为主航道，通过工程措施，阻止江心洲头崩退坝限制窜沟的发展，维持心滩稳定和圆港必要的分流比。

（1）整治标准：4.5m × 200m × 1 050m。保证率 98%。

（2）整治原则：因势利导，统筹兼顾；守护为主，适当控导；巩固洲滩，稳定深槽。

（3）整治方案：

本工程方案由以下三部分组成：

①在东槽洲洲头及右缘实施 6.1km 的护岸工程，防止东槽洲进一步崩退，限制主流摆动；

②在心滩和东槽洲之间的窜沟内构筑 2 道潜锁坝，防止窜沟扩大；

③在心滩上布设护滩带，保持心滩滩体相对完整，消除碍航浅滩形成条件、稳定碛矶港进口段的航槽。

（4）主要结构形式：本工程采用的整治建筑物有护岸工程、潜锁坝坝体结构和护滩带结构三种形式。

①护岸工程。东槽洲守护采用平顺式护岸，主要包括护坡和护脚两部分。在黄海高程 14m 处构筑枯水平台，平台以上采用干砌块石或混凝土块护坡，基层布设无纺布—黄沙混合倒滤层；平台以下部分采用系结混凝土块软体排护底。护底范围从枯水平台向外 50 ～ 170m 不等；对于坡脚陡于 1:2.5 的，采用抛枕、抛石镇脚，以达到设计边坡；平台以外 20 ～ 30m 范围内的排体上压载 80cm 块石；在迎流顶冲段的排尾预备备填枕。

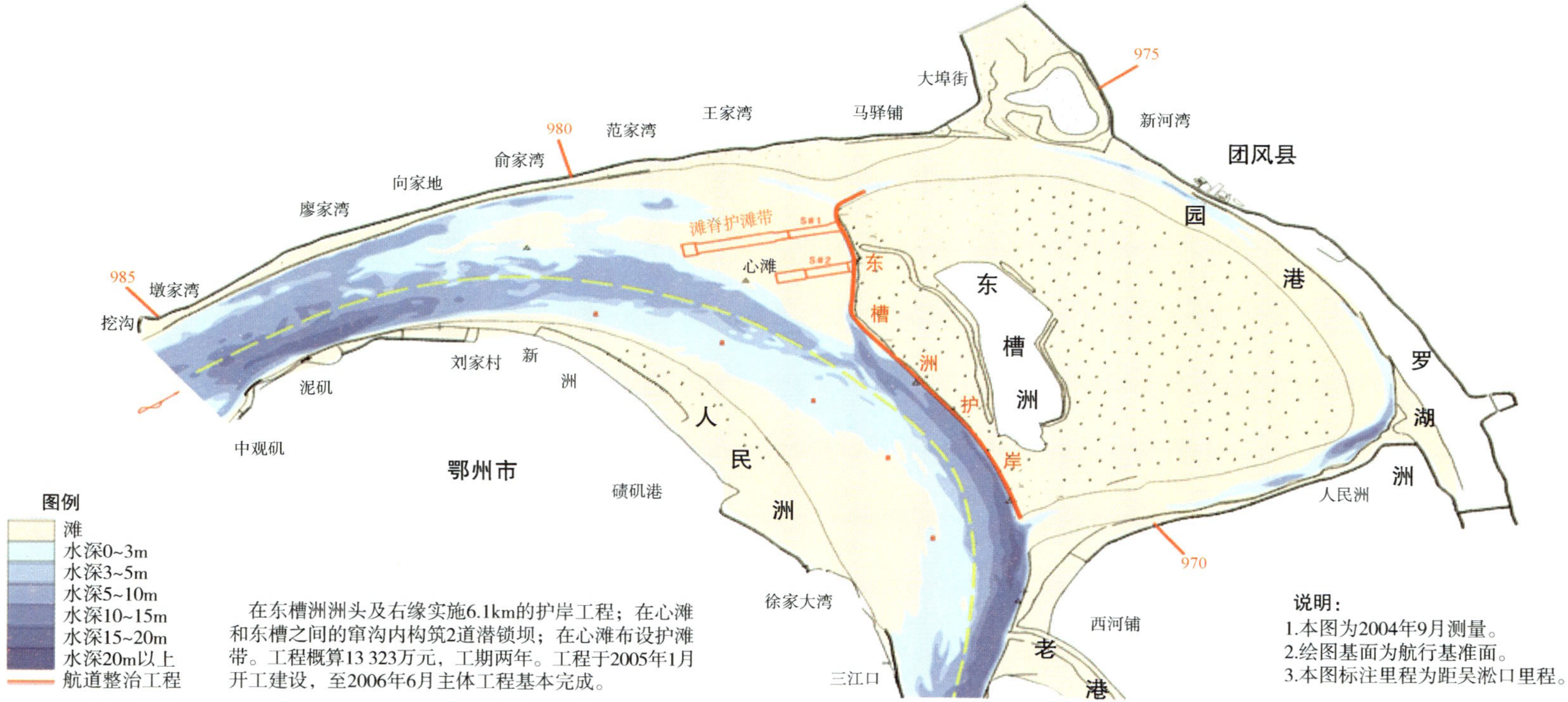

图 5-9　长江中游罗湖洲水道航道整治工程示意图

②潜锁坝坝体结构。潜锁坝坝体结构采用聚丙烯编织布软体排系结D型混凝土块护底，坝体采用全抛石结构，顶部高程为设计水位下3m，上下游边坡均为1:2。

③护滩带结构。东槽洲洲头心滩为中枯水出露滩体，为维持滩体完整，护滩带头部为采用铰链排覆盖1m块石护面，中后部采用聚丙烯编织布软体排系结X型混凝土块护面。

(5) 工程实施情况。

长江中游罗湖洲航道整治工程分两个枯水期实施。2004—2005年枯水期实施了东槽洲护岸工程，2005—2006年枯水期实施了心滩守护工程和2道潜锁坝工程。目前，工程已全部建成，其中：东槽洲护岸工程经历2个水文年的考验，维持稳定，心滩守护和潜锁坝工程也经历了1个水文年的考验，所有单位工程均通过交工验收。工程实施以来，整治河段航槽稳定，航道尺度达到或部分超过了设计要求，综合整治效果正朝着设计预期的方向发展。

5.7.2 工程实施过程中的主要观测和变化情况

5.7.2.1 工程实施过程中的主要观测

工程实施过程中主要观测工作主要分为以下4部分内容：

一是，为编制工程初步设计和施工图设计而进行的勘测工作。初步设计阶段主要有整治河段1/10 000测量，包括岸线、水下地形、江心洲陆域地形测量；工程区域的1/5 000或1/2 000水下地形测量。小比例尺测图可以了解整治河段河势变化情况，并据此进行工程布置设计和优化；大比例尺测图主要进行工程结构设计和工程量的计算。施工图设计阶段的测量主要以工程区域1/2 000或1/1 000测图为主，但由于项目分期实施，施工图设计距初步设计均超过一个以上的水文年，每届枯水期工程开工之前均安排了整治河段1/5 000的测图，据此进行工程布置的进一步的优化。另外，设计阶段的测量还包括还包括流速、流向、主汊和分汊的分流比以及泥沙测量等水文测验的内容。

二是，为施工过程中局部的设计变更而安排的测量。这种测量主要是由于在施工期间施工区出现的新的冲刷和变形安排的，测图提供给设计单位进行设计优化之用，作为设计变更的依据。一般测图范围较小，目的性强，测图比例为1/500 ~ 1/1 000。

三是，建筑物建成后的观测。主要是了解建筑物在汛期的稳定情况、整治河段河势在汛期及汛后的变化情况。工程本身的稳定观测图比例为1/1 000或1/2 000，每年汛期按不同水位级安排4次左右。汛后退水时因河床变化大，此时是观测的重点。对整治河段的观测图比例为1/5 000或1/10 000，安排在汛期高水位和汛后的 11 月～ 12 月。

四是，航道整治的效果观测。此类观测主要是了解整治河段通过航道整治是否达到整治目的，一般安排项目建设后期或项目建成后。观测内容包括水下地形、流速流向、分流比等。长河段测图比例为 1/5 000 或 1/10 000，通过测量了解航道尺度（水深、航宽、弯曲半径）等是否达到设计要求；工程局部测量图比例为 1/2 000，通过测图了解建筑物及其周边的河床变化。

5.7.2.2 整治河段河势及河床的变化情况

观测资料表明：工程立项以来，罗湖洲河段分汊双槽、右汊为主航道这一大的河势格局维持稳定。但在实施过程中，心滩及东槽洲头部和右缘的变化也是十分剧烈的。主要表现在：

（1）东槽洲的岸线崩退、主航道左摆贴近江心洲右缘

从立项到工程实施前的 2 年，东槽洲头部每年向后崩退 50 ～ 70m，右缘也不断受水流切割，主航道逐年向左摆动，同时右岸人民洲边滩相应淤长扩大。但 2005 年 7 月，东槽洲护岸工程建成后，岸线维持稳定。

（2）心滩下端被窜沟切割，头部萎缩，前沿受横向水流切割

东槽洲护岸工程实施前，心滩随着东槽洲后退而整体下移，滩形相对完整，心滩与洲头间的窜沟窄而深，且贴近洲头。在 2005 年汛后，由于东槽洲护岸工程的实施，洲头无法再崩退，心滩头部受水流冲刷，滩面高程降低，新滩与东槽洲间的窜沟中上部不再贴近洲头，而是从心滩中下部切割出新的窜沟。且窜沟深度降低，断面呈宽浅型。心滩护滩带及新滩与东槽洲间的窜沟内 2 道潜锁坝建成后，心滩与东槽洲渐成一体，但心滩头部在 2006 年汛期受到横向水流的切割，出现新的窜沟。

（3）圆港分流比有所变化

东槽洲工程完工后，心滩工程实施前，圆港进口出现一定幅度的淤积，汛后分流比有所减小。但在 2006 年汛后，随着心滩守护工程的实施，特别是两道潜锁坝的完成，圆港的分流比在洪水期呈现扩大的趋势，但枯水期，圆港进口有所萎缩。

5.7.3 设计优化与调整情况

罗湖洲航道整治工程局部的河床变化较为剧烈，水位变化异常，为确保整治效果，建设过程中，我们依据动态管理的思想，对部分工程结构和工程布置进行了必要的优化和调整。主要内容包括：

（1）工程布置及平面位置的调整

由于东槽洲位置的向后崩退，心滩相应后移，加上窜沟位置的变化，使得

按照原初步设计方案实施工程变得不可能。施工图设计阶段我们依据新的河床地形，对东槽洲护岸工程进行了从新布置，守护位置较工可阶段总体向下游移动100 ~ 200m，守护长度略有缩短。

在东槽洲工程完工后，2005 年汛后，心滩与东槽洲间窜沟出现新的发展，心滩中下部被水流切割，窜沟断面形式由窄深变得宽浅，圆港分流比减少。初步设计中 1 号潜坝所在位置已淤积成边滩，2 号潜坝所在位置的窜沟河床高程也因淤积高出了潜坝坝顶高程。显然，仍按原来的初步设计方案实施工程已不具备条件。为确保整治效果，维持圆港必要的分流比，兼顾地方政府对圆港航道的基本要求，在施工图设计阶段通过分析和模型论证，设计单位适时将两道浅锁坝位置根据新的河床地形进行了重新布置，坝顶高程调也由黄海高程 7m 调整到 11m。工程实施后，窜沟被重新封堵，支汊圆港也维持了必要的分流比，效果较好。

（2）工程结构的调整

罗湖洲航道整治工程开工后，天气异常，春节前后，持续一个多月的阴雨天气，造成长江水位持续上涨，2005 年 2 月初，当地水位最高达到 15m。随后，虽有回落，但基本上仍在 13m 左右徘徊。异常且持续的偏高水位，给枯水平台及其以上区域护坡工程的施工带来极大困难。由于枯水平台设计高程为 12m，如继续等待水位回落到 12m 以下再进行施工，6km 的东槽洲护岸工程根本无法在一个枯水期完成。果真如此，汛期洪水来临，已实施的部分工程将会面临灭顶之灾，带来巨大的经济损失。参加各方经认真分析水情，通过科学论证，果断提出对护岸结构进行调整，将枯水平台高程由 12m 调整到 14m，同时，增设必要的排水盲沟，优化坡脚的护脚结构尺寸。实践证明，上述设计的调整，较好地克服了异常水位对施工的影响，确保了整治工程在一个枯水期内完成，从根本上保证了工程质量。

（3）施工工艺的优化

在罗湖洲护岸工程中，按常规的施工工艺一般先进行沉排护底，再抛枕或抛石镇脚。但施工过程中因受到水流强烈顶冲，东槽洲岸坡不断向后崩退，导致水下沉排护底无法进行，对工程质量和进度造成很大影响。为此，参建各方客观分析了工程现场的实际情况，依据动态管理的原则，调整护岸施工顺序，采取先按一定的边坡抛枕镇脚，待岸坡稳定后再进行沉排，最后再抛石护面的非常规施工工艺。这种动态的调整不仅使工程得以顺利推进，而且实施后的护岸工程经历近 3 个水文年的考验，维持稳定。实践证明这种顺应河势，依据客观情况适时地调整施工工艺动态管理思想，对于应对复杂的水流条件，确保整治工程的质量和进度是十分重要的。

（4）工程完工后守护加固

2006 年 6 月心滩护滩带及心滩与东槽洲间窜沟内的 2 道潜锁坝建成后，由于受到潜锁坝的封堵，中洪水时进入左汊的流量有所增加，但同时护滩带前沿的从左向右流入主航道的横向水流有所加剧。2006 年汛后，受到横向水流的冲刷，护滩带前沿，工程区边缘出现一个新的窜沟，如不加以守护，冲刷会进一步向工程区发展，并将危及工程安全，影响整体效果。为此，汛后我们组织专家进行现场踏勘，分析河势及工程区的变化，专家认为：在横向水流作用下，心滩头部出现窜沟是预料之中的正常情况。根据新的变化，逐步加固维护，更利于确保已建工程稳定、控制冲刷的进一步发展。因此，对护滩带头部进行必要守护是必要的。设计人员根据咨询意见，在全面分析水流及河床变化因素后，提出了先对窜沟进行软体排护底，再在软体排上进行抛枕压载的守护方案，加强对心滩头部的守护，稳定分流点，确保已建工程的完整。2007 年汛期观测表明，窜沟未进一步向工程区发展，护滩带头部趋于稳定，效果较好。

5.7.4 实施动态管理的主要效果

在罗湖洲航道整治工程建设中，自始至终贯穿了动态管理的指导思想。这种动态管理思想取得了以下几个方面的效果：

（1）罗湖洲航道整治工程从初步设计到施工图设计、从工程开工到完工期间，无论是东槽洲的岸线还是心滩的地形均发生了很大变化。主要表现为：东槽洲岸线持续崩退、心滩头部不断萎缩、窜沟走向调整且淤积变浅。在工程实施阶段，通过调整护岸工程的布置，确保了工程的顺利实施，从而遏制了东槽洲岸线的崩退和主流的横向摆动，维持了河势的稳定。两道潜锁坝的位置调整和高程的增加，适应了洲头窜沟在平面和立面上的新的变化，不仅使截流促淤的效果更佳，而且，投资也节省。在东槽洲工程实施后，根据心滩的滩形变化从新布置护滩带的平面位置，顺应了河势河床的新变化，获得了最佳的整治效果。

（2）客观地分析水情的变化，科学判断水位对工程的影响，合理调整枯水平台高程，最大限度地克服了外部客观条件对工程建设带来的不利影响，保证了枯水平台及护岸工程在汛期来临前圆满完成，避免了汛期洪水对在建工程的不利影响，也从根本上确保了工程质量和工期。枯水平台高程提高后，通过设计变更对平台以下的坡脚相应进行了强化处理。护岸工程完工后，历经两年多洪枯水的考验，护岸工程坡脚维持稳定，实践证明这种动态管理、动态设计的理念在罗湖洲的实践是成功的。

（3）在常规的护岸工程施工中，一般应先进行枯水平台以下水下部分的沉排护底，再抛枕镇脚，然后才抛石护面。但在罗湖洲工地由于岸线受水流顶冲，持续崩退，因排头固定没有稳定的岸坡，致使按常规施工工序先沉排再抛枕无法进行。施工过程中，参建各方科学分析、优化工艺、大胆创新，采用先抛枕护脚，待岸线稳定后再沉排的非常规工艺，有效解决了持续剧烈崩岸条件下困扰施工的技术难题，在护坡施工工艺方面取得了一定的突破。

2006 年汛后针对心滩前沿出现的新的冲刷窜沟，我们及时采取了加固守护措施，控制了横向水流对护滩带头部的切割，遏制了不利的河势发展趋势，确保左汊圆港内必要的分流比。

推行动态管理过程中，建设管理人员始终以项目总概算为控制目标。通过优化方案，实际完成的工程量与初步设计比较看来，有增有减，但实际完成投资较好地控制在批复概算范围内。

5.7.5 主要结论

通过本案例，我们可以得出以下主要结论：

（1）航道整治工程由于从立项到工程实施周期较长，水沙条件复杂，致使河势、河床变化频繁，要实现设计目标，达到整治效果，客观上要求我们必须关注整治河段河势的变化，根据变化情况不断地优化设计，实行动态设计、动态管理。这种动态设计、动态管理的理念不仅体现在初步设计后的施工图设计阶段，也贯穿于施工过程中以及工程建成后的维护期。亦即动态管理是一个全方位、全寿命周期、不断适应变化、调整优化设计的过程。

（2）全面系统的观测，获取必要的第一手资料，并进行科学的分析及模型论证，是实现动态管理的前提和基础，没有必要的观测资料，动态管理无从谈起。这种观测不仅要关注工程局部的变化，更要关注整治河段的河势变化。

（3）对于长江这样大江大河的治理，由于建设周期较长，航道整治的综合效果不仅取决于立项和初步设计的论证分析，施工图阶段的设计优化、实施过程中的动态调整、甚至工程基本建成后，根据河势新的变化，通过动用项目预留费用，实施必要的加固或完善工程，也是确保整治效果不可忽视的重要环节。

（4）动态管理的思想不仅在罗湖洲整治工程中进行了实践，长江中下游其他项目中也积累了丰富的经验，取得了很好的建设效果。因此，动态管理在长江中下游航道整治工程中具有一定的普遍性。实践证明，只要规范管理行为，建立一定的工作程序和评估制度，推行动态管理不仅能够把握有利时机，及时优化实施方案，实现最佳整治效果，而且能够及时解决好一些外在客观因素的不利影响，有效控制工程投资，达到事半功倍的效果。

5.7.6 案例分析

罗湖洲水道位于长江中游湖北省境内，上距武汉市58km，左岸为团风县，右岸为鄂州市。罗湖洲水道上起泥矶，下至三江口，全长12km。该水道属典型的鹅头形分汊弯道，河道呈周期性变化，多次出现碍航局面，严重影响船舶航行，为长江中游重点碍航浅水道之一。工程根据因势利导的原则，抓住有利时机，选择航道条件较好的碛矶港为主航道，通过工程措施，阻止江心洲头崩退坝限制窜沟的发展，维持心滩稳定和圆港必要的分流比。

罗湖洲航道整治工程建设中工程观测工作分为四部分：为编制工程初步设计和施工图设计而进行的勘测工作；为施工过程中局部的设计变更而安排的测量；建筑物建成后的观测；航道整治的效果观测。同时，对整治河段河势及河床的变化情况进行了勘测，根据勘测情况进行设计优化与调整，分别对工程布置及平面位置、工程结构、施工工艺、工程完工后守护加固进行调整。

在罗湖洲航道整治工程建设中，自始至终都贯穿了动态管理的指导思想。这种动态管理思想取得了以下几个方面的效果：在东槽洲工程实施后，根据心滩的滩形变化重新布置护滩带的平面位置，顺应了河势河床的新变化，获得了最佳整治效果；推行动态管理过程中，建设管理人员始终以项目总概算为控制目标。通过优化方案，较好地控制了工程投资。实践证明：这种动态管理、动态设计的理念在罗湖洲的实践是成功的。

动态管理的思想不仅在罗湖洲整治工程中进行了实践，长江中下游其他项目中也积累了丰富的经验，取得了很好的建设效果。航道整治工程由于从立项到工程实施周期较长，水沙条件复杂，致使河势、河床变化频繁，要实现设计目标，达到整治效果，客观上要求我们必须关注整治河段河势的变化，根据变化情况，不断的优化设计，实行动态设计、动态管理。这种动态设计、动态管理的理念不仅体现在初步设计后的施工图设计阶段，也贯穿于施工过程中以及工程建成后的维护期。亦即动态管理是一个全方位、全寿命周期、不断适应变化、调整优化设计的过程。要进行全面系统的观测，获取必要的第一手资料，并进行科学的分析及模型论证，是实现动态管理的前提和基础，没有必要的观测资料，动态管理无从谈起。这种观测不仅要关注工程局部的变化，更要关注整治河段的河势变化。对于长江这样大江大河的治理，由于建设周期较长，航道整治的综合效果，不仅取决于立项和初步设计的论证分析，施工图阶段的设计优化、实施过程中的动态调整，甚至工程基本建成后，根据河势新的变化，通过动用项目预留费用实施必要的加固或完善工程，也是确保整治效果不可忽视的重要环节。

5.8 长江中游陆溪口航道整治工程动态管理案例

陆溪口水道地处长江中游城陵矶—武汉段，上起赤壁山（距汉口 162km），下至刘家墩(距汉口 152km)，水道全长 10km。其上游是石头关水道，下游为龙口水道。该水道历史上曾多次发生严重碍航局面，是城陵矶—武汉河段间的重点浅水道之一。工程布置如图 5-10 所示。

5.8.1 工程概况

陆溪口水道属鹅头形分汊河道，在演变过程中大部分时期呈现“两洲、一滩、四汊”的格局。江中有中洲、新洲和心滩存在，将水道分为直港、新中港、老中港和圆港四汊。新中港具有周期性摆动及兴衰的特点，在新洲头部形成后不断弯曲下摆，直至下移与老中港重合。其间水流分散、滩槽不稳、航槽易变；老中港航道上、中、下段也有出浅碍航的情况发生。在一段较长的演变期内，航道条件差，碍航情况严重，给航运带来不利的影响。

为消除碍航浅滩的不利影响，2004 年 2 月 5 日，交通部以《关于长江中游陆溪口水道航道整治工程初步设计的批复》（交水发〔2004〕49 号）批准实施该航道整治工程。工程投资 9 960 万元，工期 30 个月。

5.8.1.1 工程整治原则、目标及建设内容

该工程遵循“稳定洲滩、维持分汊、低水整治、统筹兼顾”的整治原则，通过工程措施达到稳定新洲和中港汊道，维持分汊河型，改善直港通航条件，使直港作为通航主航道，保持直港和中港通航功能的目的。设计航道尺度为：3.7m × 150m × 1 000m（航深 × 航宽 × 弯曲半径），保证率为 98%。主要由三部分组成：

（1）在新洲脊部修建洲脊顺坝、窜沟下段建锁坝、洲头建鱼嘴顺坝、格坝和一条短丁坝。通过筑坝拦截冲刷滩面的漫滩横流，遏制窜沟发展，促进新洲淤高，洲头上提，从而塑造对航道有利的新洲形态；鱼嘴顺坝还具有控制直港进口段整治线宽度，维持挖槽稳定的重要作用。

（2）在中港凹岸的中洲上半段修建护岸工程，使主流通过弯道的顶点后逐渐偏离岸边，大大减弱了水流对下段河岸的冲刷力度，从而阻止中港汊道继续向弯曲方向发展。

（3）对直港进口浅区段进行挖槽，并依靠鱼嘴顺坝维持挖槽稳定，达到改善直港进口航行条件的目的。

在新洲修建洲脊顺坝、鱼嘴顺坝、格坝和窜沟锁坝及短丁坝；对中洲进行1 950m长护岸；对直港进口段浅区进行疏浚。工程概算9 960万元，工期两年。工程于2004年11月16日开工建设，2006年6月主体工程全部完成。

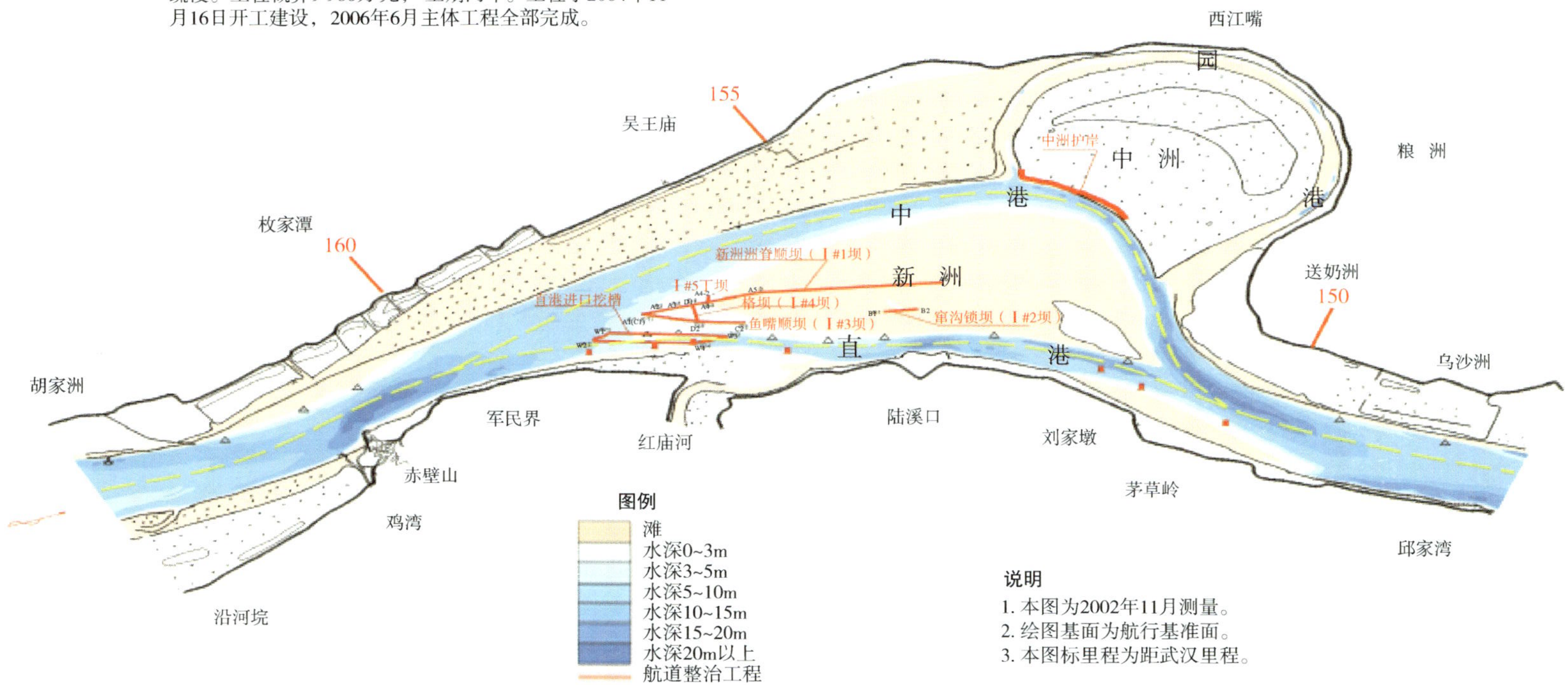

图 5-10 长江中游陆溪口水道航道整治工程示意图

5.8.1.2 工程实施情况

工程计划分2届枯水期实施：2004—2005年枯水期开工建设新洲洲脊顺坝、鱼嘴顺坝、格坝及中洲护岸工程；2005—2006年枯水期开工建设新洲锁坝、短丁坝及直港进口浅区挖槽工程。

工程于2004年11月16日正式开工建设。在2004—2005年枯水期组织实施了新洲洲脊顺坝、鱼嘴顺坝、格坝、锁坝及中洲护岸工程；在2005—2006年枯水期主要组织实施了新洲洲脊顺坝、鱼嘴顺坝、格坝及中洲护岸工程剩下的工程建设内容。

5.8.2 施工期观测工作情况

（1）工程初步设计批准后，由设计单位根据工程批复意见，提出施工图设计测量要求，在当年的汛后由建设单位组织勘察工作，其成果作为设计图设计的依据。

（2）在工程开工前，由建设单位委托勘察单位对拟施工区域进行地形测量，作为施工工程量控制的依据。

（3）沉排护底分项工程施工结束后，由建设单位委托勘察单位对沉排区域进行地形测量，作为后续工序工程量计量的依据。

（4）施工期若发现河床有变化，由施工单位提出设计变更申请，建设单位委托勘察单位对工程河床变化区域进行地形测量，作为工程设计变更的依据。

（5）针对工程实际，在每年汛前编制工程度汛观测计划，并制定相应的险工治理预案，由建设单位委托勘察单位进行工程度汛测量，以保证整治建筑物的稳定和安全。

（6）在工程交工验收前，由施工单位先进行自检测量，自检测量合格后，再由建设单位委托勘察单位进行交工验收测量。

5.8.3 河床变化及优化调整措施及其实施效果

5.8.3.1 初步设计阶段

2002年汛后，陆溪口水道的河床形态发生了较大的变化：新洲头部段滩面大面积刷低2～3m，在新洲中部形成宽300～450m（航行基面上4m时的水面宽度），最大深度在航行基面下1.1m的横向窜沟，与汛前地形相比，窜沟部位最大冲深达8m。另外直港进口航槽也发生了明显淤积，与汛前相比，淤积厚度在1m左右，出浅碍航情况加重。由历史演变规律来看，窜沟的出现标志着新中港有可能即将形成，该水道即将进入新一轮演变周期。为了避免这种不利情况的出现，经请示交通部和长江航务管理局同意，于2003年6月安排实施了以控制窜沟发展为目的的临时工程。临时工程采用的措施是在窜沟下口处抛沙枕进行河床护底，护底总长度为420m，宽度64m。中段144m范围内抛至航行基面上1.5m，两侧共276m范围内在河底平抛一层沙枕。工程完工后，窜沟部位已经出现明显回淤，滩面普遍淤积到黄海高程18m以上，并且经过退水期的冲刷后也没有出现明显的冲刷现象，窜沟部位新洲已形成整体，达到了实施窜沟护底临时工程的目的。

5.8.3.2 施工图设计阶段

由于新洲窜沟部位已经淤平，原窜沟处中港流向直港的横流出路被堵死，使得新洲头部横流强度加强，带走部分泥沙，对新洲头部造成一定冲刷，最大冲深1.5m左右。而新洲头部冲刷带走的泥沙，部分随水流带走，另一部分淤积在陆水对岸的新洲边滩，使新洲向右侧展宽。以航行基面零水位水边线来比较，边滩宽度增加了约200m，淤积厚度1～1.5m。新洲边滩的淤长使得此处航道宽度进一步缩窄，航线更趋弯曲。

针对上述新洲的地形变化，设计单位对洲脊顺坝的坝顶纵坡作了适当调整，以便于坝根与滩面更好地衔接。同时在洲脊顺坝原护滩末端向下游延长60m采用铰链排和埋植芦苇，扩大了护滩范围，探索类似工程采用“生物固滩”的可能性。另外坝头坡采用1:15，使分流点上提，也更有利于坝头稳定。

5.8.3.3 工程建设施工期

（1）2004—2005年枯水期实施的新洲洲脊顺坝、鱼嘴顺坝、格坝及中洲护岸工程，在开始实施后，对洲滩变化的监测过程中发现新洲窜沟再次出现（2003年出现过窜沟，并采取过相应的处理措施）。2004年12月，由上级主管部门、建设单位、设计单位及有关专家对新洲出现的窜沟进行专题研究，决定将窜沟锁坝工程提前到2004—2005年枯水期实施。该工程的实施限制了窜沟进一步扩大，保证了整治建筑物工程的稳定，从而确保工程建设总体整治效果。

（2）新洲筑坝工程于2006年3月底已经按设计内容全部完成。在监测过程中（2006年3月16日测图），发现在已守护滩面的末端又出现新的窜沟，其形成由于新洲滩面漫滩横流较强而引起的。根据新出现的情况，设计单位及时拿出了《洲脊顺坝尾端新窜沟封堵方案》；建设单位及时组织召开了洲脊顺坝尾端新窜沟封堵方案的审查会，对洲脊顺坝尾端新窜沟采取了封堵措施，确保陆溪口航道整治总体整治效果。

（3）中洲护岸工程在施工过程中，崩岸现象就一直是施工中面临的最棘手的问题之一。在2004年11月28日测量放线中发现，由于中洲岸线自然垮塌，设计的边坡开挖线已经发生了崩退，无法按照施工图设计确定的护岸线形进行施工。为保证施工正常进行，满足工期要求，针对实际情况对护岸线型进行了变更。

在2004年12月中旬，中洲护岸工程岸线崩退加剧，同时又出现了在水沫线附近有渗水层导致枯水平台和岸坡无法成型的问题。经建设单位组织有多位专家参加的工地现场会进行技术咨询后，对枯水平台以下部分从施工工艺及结构上进行了调整：一是枯水平台高程局部提高；二是先抛枕稳住岸坡再进行沉排施工，排体上抛块石补坡至1∶2.5。

工程变更方案实施后，中洲护岸的崩塌现象得到了迅速遏制，没有再出现继续崩塌的情况，零星的细微崩塌均很快得到控制，中洲岸线趋于稳定，保证了工程施工的有序进行。

（4）在2006年6月的例行观测中发现新洲头部洲脊顺坝、鱼嘴顺坝和格坝围成的三角区域前段出现局部冲刷坑，对坝体稳定产生一定影响。为消除隐患，采取了抛枕加固措施，保证了新洲头部洲脊顺坝、鱼嘴顺坝和格坝的稳定。

5.8.3.4　工程总体效果

陆溪口水道碍航的根本原因是新洲不稳，受漫滩水流冲刷后形成新中港，导致水流分散，航道变迁频繁且容易出浅，同时中港在弯曲发展过程中，上、中、下段均有出浅碍航的情况发生。航道整治工程实施后，稳定了新洲和限制了中港汊道继续弯曲，总体工程效果概括为：

（1）通过在新洲筑建洲脊顺坝，阻止了新中港的形成，达到了维持新洲稳定的目的。

近几年来，陆溪口水道演变剧烈，新洲滩面多次出现窜沟，若未建洲脊顺坝，则窜沟发展并形成新中港是必然的。洲脊顺坝修建后，漫滩横流被拦截，消除了窜沟继续发展的水流条件，老窜沟已完全回淤，顺坝尾端窜沟也大部分回淤，新洲保持稳定。主体工程完工后，经过两个水文年考验，坝体结构稳定。新洲属易受冲刷变形的江心洲，过去一般采用多道护滩带进行守护，但护滩带只能起到加强滩面抗冲刷的能力，不能消除引起滩面冲刷的水流条件。本工程采用一道洲脊顺坝，拦截了引起滩面冲刷的横向水流，取得了较好的效果。另外，本工程在X型排边缘处理措施方面，采用排体按较缓的坡度埋入滩面以下，并用块石进行边沿压载，有利于边沿部位均匀沉降，从而避免了局部变形过大而扰乱水流，这种措施对保护排体主体部分取得了良好效果，也为今后类似整治工程积累了经验。

（2）中洲护岸工程实施后，达到了阻止中港汊道继续向弯曲方向发展的目的。

护岸部位选择在中洲岸线的上半段，该部位是控制中港继续弯曲的关键部位。在工程前，中洲岸线崩退幅度逐年加大，尤其是开工初期，岸线崩退速度达到过去的两倍左右。实施护岸工程后，虽然结构物有局部水毁现象，但工程部位岸线崩退完全停止。护岸区下游岸线虽仍有一定的自然垮塌，但崩退幅度大大减小。如预期所料，中港下段左岸适当崩退，有利于减小中港和直港汇流处的水流交汇角，加大航道弯曲半径，有利于船舶航行。因此，中洲护岸工程在整治效果方面达到了预期目的。

（3）工程实施后，陆溪口水道保持航道畅通。

20 世纪 70 年代和 80 年代的实际情况表明，陆溪口水道在新中港形成后，航道快速恶化，往往需采用疏浚、爆炸清障、调标改泓等方法进行航道维护。在 2002 年汛后，新洲滩面出现窜沟，标志着新中港即将形成，打破了维持十多年的相对稳定期，航道条件进入恶化阶段。通过实施新洲筑坝工程和中洲护岸工程，遏制了航道向不利方向发展。近几年来，在未采取维护手段的情况下，航道依然保持畅通，表明航道工程实施后取得了良好整治效果。

5.8.4 结论

（1）动态管理的核心是动态设计。由于航道整治工程多为水下施工，不确定因素较多，在施工过程中容易出现一些工程设计与现场实际情况不符的问题，因此设计人员应深入施工现场掌握第一手资料，加强现场指导，适时优化、调整设计，使整治方案更加合理、有效。

（2）通过实行工程建设动态管理，采取工序步骤统一规划，标段间进度总体协调，加强河势监测和局部观测，根据洲滩、水流及施工条件的变化情况及时优化调整设计方案，重大事项组织专家论证研究等，对工程实施中遇到的技术问题、施工问题、管理问题，如河床演变、航道变化、工序调整、实施时机、投资控制等，及时进行动态监控、动态分析、动态调整，确保工程顺利实施，确保工程整治效果。

5.8.5 案例分析

陆溪口水道地处长江中游城陵矶—武汉段，上起赤壁山（距汉口 162km），下至刘家墩(距汉口 152km)，水道全长 10km。其上游是石头关水道，下游为龙口水道。该水道历史上曾多次发生严重碍航局面，是城陵矶—武汉河段间的重点浅水道之一。陆溪口水道属鹅头形分汊河道，在演变过程中大部分时期呈现“两洲、一滩、四汊”的格局。

在工程的施工期进行了多次勘测，分别是工程初步设计批准后，在工程开工前，沉排护底分项工程施工结束后，施工期若发现河床有变化，由施工单位提出设计变更申请，建设单位委托勘察单位对工程河床变化区域进行地形测量，作为工程设计变更的依据，针对工程实际，在每年汛前编制工程度汛观测计划，在工程交工验收前，由施工单位先进行自检测量，每次的测量都能为施工设计变更做依据。

在2004年12月中旬，中洲护岸工程岸线崩退加剧，同时又出现了在水沫线附近有渗水层导致枯水平台和岸坡无法成型的问题。经建设单位组织有多位专家参加的工地现场会进行技术咨询后，对枯水平台以下部分从施工工艺及结构上进行了调整：一是枯水平台高程局部提高；二是先抛枕稳住岸坡再进行沉排施工，排体上抛块石补坡至1:2.5。工程变更方案实施后，中洲护岸的崩塌现象得到了迅速遏制，没有再出现继续崩塌的情况，零星的细微崩塌均很快得到控制，中洲岸线趋于稳定，保证了工程施工的有序进行。

航道整治过程中运用动态管理取得了以下成果：

（1）通过在新洲筑建洲脊顺坝，阻止了新中港的形成，达到了维持新洲稳定的目的。

（2）中洲护岸工程实施后，达到了阻止中港汊道继续向弯曲方向发展的目的。

（3）工程实施后，陆溪口水道保持航道畅通。

在此次航道整治工程中，运用动态管理的方法为以后的航道整治工程积累了如下经验：

（1）动态管理的核心是动态设计。由于航道整治工程多为水下施工，不确定因素较多，在施工过程中，容易出现一些工程设计与现场实际情况不符的问题，因此设计人员应深入施工现场掌握第一手资料，加强现场指导，适时优化、调整设计，使整治方案更加合理、有效。

（2）通过实行工程建设动态管理，采取工序步骤统一规划，标段间进度总体协调，加强河势监测和局部观测，根据洲滩、水流及施工条件的变化情况及时优化调整设计方案，重大事项组织专家论证研究等，对工程实施中遇到的技术问题、施工问题、管理问题，如河床演变、航道变化、工序调整、实施时机、投资控制等，及时进行动态监控、动态分析、动态调整，确保工程顺利实施，确保工程整治效果。

5.9 长江口深水航道治理工程的动态管理案例

长江口为巨型多沙河口，三级分汊，四口入海，条件十分复杂。针对在复杂河口实施长江口深水航道治理工程的特点、难点进行较为全面的分析，简要归纳了其河势变化的复杂性、水动力条件的复杂性、泥沙运移规律的复杂性、困难的施工条件和工程量大及施工强度高等特点。总结归纳了针对本工程特点的长江口深水航道治理工程“动态管理”（“以确保整治效果和建筑物稳定为目标，以现场监测成果为依据，以科研试验为手段，适时优化设计施工方案”工程的动态管理模式）的创新模式，简要阐述了长江口深水航道治理工程实施以来的动态管理做法和经验，就动态管理的监测分析机制、科研试验机制、工程管理基本程序及决策机制作了进一步说明，并就一二期工程实施过程中突出优化的实例作了典型说明，“动态管理”确保了长江口深水航道治理一、二期工程顺利完成、工程投资有节余及工程取得显著治理效果的巨大意义，丰富了世界大型河口治理工程实施的管理手段和模式，在河口治理、港口航道、海岸工程等复杂工程项目建设中具有突出的应用和推广价值。

5.9.1 工程概况

长江口深水航道治理工程位于南港口内深槽与口外深水区域之间拦门沙浅段区域——南港北槽区域，治理工程由分流嘴工程（潜堤 3.2km，线堤 1.6km）、南北导堤工程（北导堤 49.2km，南导堤 48.077km）、丁坝群（共 19 座，合计 30.09km）和疏浚工程组成。工程分三期实施，通过分期治理分别达到 8.5m、10.0m 和 12.5m 的通航目标水深（见图 5–11）。

5.9.2 长江口深水航道治理工程的特点

长江口为巨型多沙河口，经过长期的历史演变，形成了目前三级分汊、四口入海的地貌格局。长江口自徐六泾以下平面上呈喇叭形，至口门全长约 160km，徐六泾处江面宽度约 6km，口门的苏北启东嘴至上海市南汇嘴江面宽度约 90km。长江口的北支、北港、北槽和南槽四条入海通道均存在拦门沙碍航浅滩，长江口的拦门沙航道除北支外，均处于口内河槽的 10.0m 等深线之间，河床纵剖面呈局部隆起的地貌单元，滩顶处的相对稳定水深在 6.0m 左右，是长江口水下三角洲前缘斜坡的组成部分，以口外 10.0m 等深线为界向内缓缓升高，向外水下地形坡降明显增大，水深迅速增加。近些年来，一大批学者、专家在统一研究计划下，进行了长期的联合研究，取得了丰硕的成果。特别是 1992 年“长江口拦门沙航道演变规律和整治技术研究”列为国家“八五”科技攻关项目后，在交通部直接领导下组织开展了攻关研究，通过各方的共同努力完成了攻关任务，对长江口发育模式、河床演变规律、水流动力场、泥沙场、风浪场、拦门沙形成机理等根本问题有了一定的认识，并根据对各汊道动力、泥沙条件、河势稳定性、实施整治及疏浚工程的难易程度及促进上海和长三角经济发展的贡献程度等进行的综合分析对比，选定了北槽先行治理，提出了长江口 12.5m 深水航道的整治方案及技术经济论证。然而，面对这“茫茫无边的江面，冲淤不定的沙洲，动荡变化的河势……（钱正英，1997)”，实施如此宏大的工程具有极强的挑战性，其复杂和困难程度在中国水运工程史上是空前的。

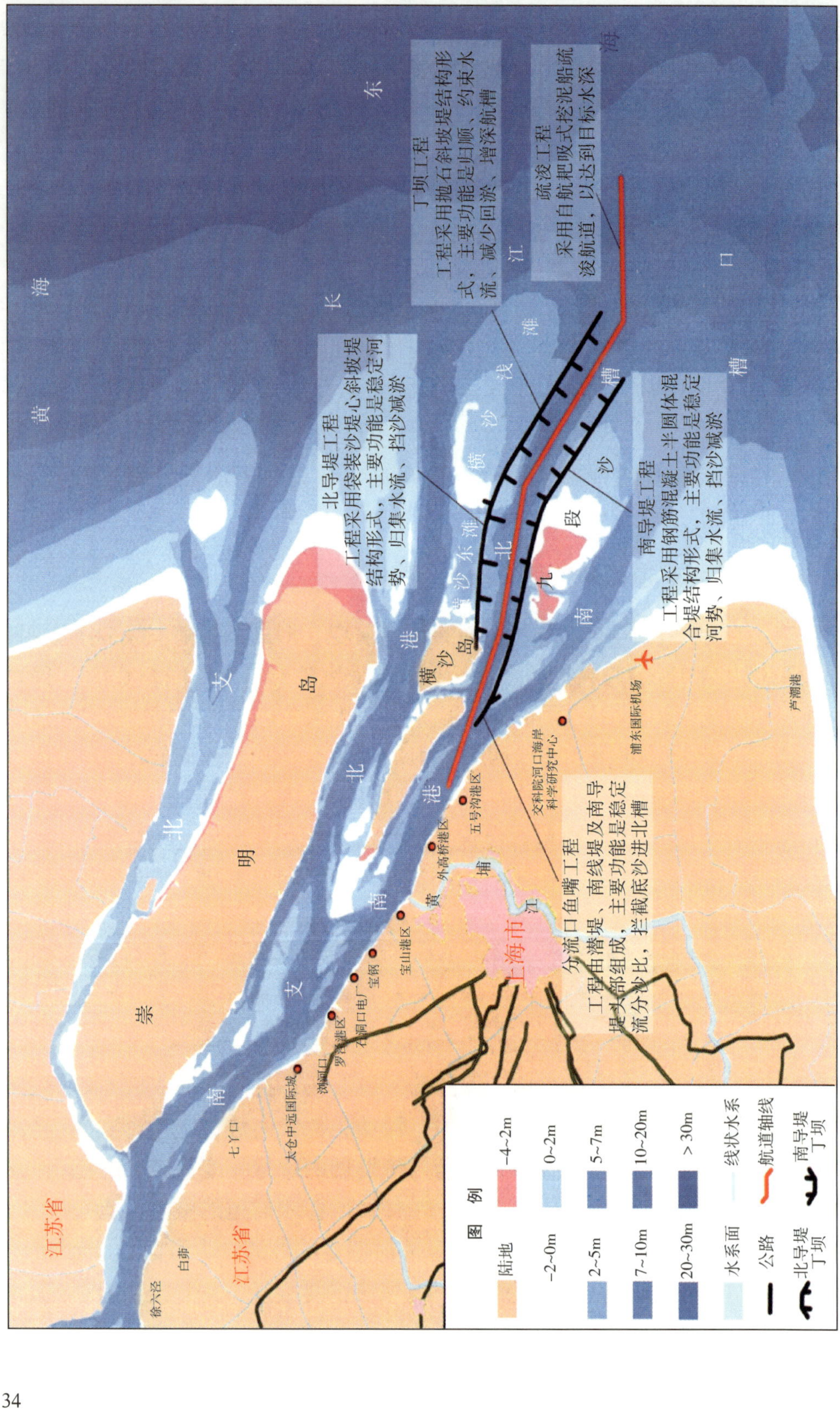

图 5-11 长江口深水航道治理工程形势图

5.9.2.1 河势变化的复杂性

长江口河势变化的复杂性主要表现在天然分流口位置的变动，分流口通道的消长、窜沟的发育和萎缩、活动沙体的迁移等。

(1) 分流口位置及分流汊道的变化

如1860年至今，南北港分流通道先后共发生了7次更替；南北槽分流口位置上提下挫，自1954年北槽贯通至工程实施前，已发生2次上提下挫的较大变化。在一期工程开工前，南北槽分流口处的江亚南沙沙头正处于持续冲刷后退时期，对稳定分流口河势极为不利。

(2) 活动沙体迁移不定

南支及南港河床的活动沙体如白茆沙、中央沙、新浏河沙、扁担沙和治理工程前的江亚南沙等沙体沙头不断冲刷后退，沙体还会受潮沟影响产生切离、并合等现象，伴随产生大量底沙下泄，造成下游河段的淤积。

(3) 窜沟的消长频繁（发育、扭曲、消亡等）

各汊道间的窜沟，如北港与北槽间的横沙东滩窜沟、北槽与南槽间的江亚北槽和九段沙窜沟不断发生扭曲变化，均会对北槽河势的稳定性带来不利影响。

5.9.2.2 水动力条件的复杂性

长江口为径流潮汐型三角洲河口，年径流量9 250×10^8m^3；河口的潮差虽属中等，仅2～3m，但进潮总量达32.5×10^8m^3；平均潮流量为266 300m^3/s，是长江年平均流量的8.83倍。大小潮汛也有一定差异，以牛皮礁站潮差为例，大潮为4.13m，小潮为1.91m；流速的差异也较大，主槽内憩流时流速趋于0，而涨落急时流速最大可达3m/s左右。水动力条件的复杂性表现在以下几个方面：

(1) 受径流、潮汐和地形的综合影响，自口内向口外，潮流方向从往复流向旋转流过渡。

(2) 受科氏力和海洋动力影响，涨落潮流有所分异。北槽内，涨潮流路偏北，而落潮流路偏南。

(3) 江面开阔，且毗邻外海，河口水域常年受到较大波浪的作用，特别是波浪破碎对滩面泥沙的掀物，为航槽淤积提供了大量的泥沙来源，并成为大风天骤淤的主要原因。

(4) 存在水流在分汊水道之间的分配调整及汊道的平面环流。

(5) 咸淡水掺混等因素导致产生密度环流（异重流）等。

5.9.2.3 泥沙运移规律的复杂性

长江口水域以流域来沙为主。据大通站1950—2001年实测资料统计，多年平均含沙量0.48kg/m^3，多年平均输沙量4.30亿t。1990—2000年平均输沙量3.46

亿 t，减少的趋势非常明显。近年来，随着长江三峡工程的建设及其上游水土保持工程的实施，长江流域来沙越来越少，根据大通站的实测资料，2003 年输沙量为 2.06 亿 t，2004 年输沙量为 1.47 亿 t。但长江口水域存在众多水下暗沙，泥沙数量难以数计，河床物质具有高可动性（主要由 $\bar{d}_{50}$=0.086mm 的粉砂组成），河口区潮汐和波浪动力使泥沙极易掀扬和运移，所以，尽管由上游进入长江口的泥沙有所减少，但近期长江口各汊道含沙量总体上并未见明显变化。长江口泥沙的运动形态主要有：

（1）流域来沙和河口内浅滩冲刷产生的泥沙输移。

（2）潮汐不稳定流中的悬沙和底沙运动。

（3）汊道间的水沙分配和滩槽之间的泥沙交换。

（4）咸淡水掺混导致的密度环流和黏性细颗粒泥沙的絮凝沉降。

（5）分汊水道之间的暗沙和滨海岸滩的波浪掀沙及输移。

5.9.2.4　困难的施工条件

（1）工况条件恶劣

工程位于长江口北槽的茫茫江面，平均距上海外高桥江岸 50km 以上，现场全部作业无陆基依托，且常年受风、浪、流影响，通信、指挥、施工测量和作业船的定位与作业难度较大，综合测算，年水上作业仅有 140 ~ 180 天。

（2）地基条件较差

由于地处外海，水工结构必须承受强大的波浪力作用（随水深不同，H_1 可达 3 ~ 8m）；且河口地区的地基条件较差，除表层分布着 1 ~ 6m 厚度不均的松散粉砂层（二期工程下游端缺失，直接为淤泥出露）外，下卧土层均为高压缩性、强度很低（N=1 ~ 2）的淤泥或淤泥质土。对于需发挥“导流、拦沙、减淤”功能的整治建筑物，一般应考虑采用重力式结构，但在“大浪、软基”的条件下，选择的合理结构形式则成了具有挑战性的课题。同时由于工程建筑物为“半潜堤”结构（导堤顶高程统一确定为 +2.0m，近平均水位，潜堤和丁坝的坝头则取为 −2.0m 和 ±0m），这一特点对结构波浪力计算、稳定性验算及施工方案等又提出了新的挑战。

（3）滩面物质易发生冲蚀

由于整治建筑物所在浅滩表层广泛分布着极易随水流条件变化而冲蚀的粉细沙，建筑物的施工也必然导致堤周围流场的变化，使堤侧及堤头发生冲刷，从而危及建筑物的稳定或增大航槽的回淤。

（4）通航船舶干扰大

通航船舶对疏浚船舶施工干扰大。北槽航道施工的一大特点是要在长江入海口正常使用的通航主航道上进行疏浚施工，即使采用走航疏浚方式的耙吸船施工，也必须频繁地为营运船舶“让槽”。一期疏浚工程施工期间，为了保证通航和疏浚作业的安全，利用下段自然水深 7m 线较宽的有利条件，与下段航道平行，另行设置了临时航道，将施工航道与通航航道分开，减少了通航船舶对施工的干扰，也较易保障通航安全。二期工程施工期，北槽已按 8.5m 水深航道开通，开挖 8.5m 的临时航道将大幅度增加工程投资和工期。因此，10m 航道是在一期 8.5m 航道的基础上进行增深，疏浚施工与营运的矛盾更加突出。为了确保 8.5m 航道的安全，规定在北槽上段通航航道上疏浚作业的挖泥船对大型进出港船舶应主动避让，在横沙高潮前 2h 至后 1h 内应主动让出槽外。8.5m 航道开通以来，特别是 2004 年 5 月初开通 9.0m 航道后，北槽航道通航密度及重载大型船舶数量大幅增加，从而大大增加了协调施工与通航矛盾的难度。同时疏浚工程具有工程量巨大、回淤强度纵向分布不均匀、受台风骤淤和上游底沙下移等随机性淤浅的影响明显等特点，为了航道在整个施工期内逐步增深，并在出现随机性淤浅时及时扫浅、清淤，保证航道畅通，必须在船舶的配置和调度上，留有充分的机动能力，从而增加了施工船舶调配及计划安排上的难度。

（5）工程量大，施工强度高

本工程各类整治建筑物的总延长超过 140km，为给航槽疏浚施工创造较好的掩护和减淤条件，一、二期工程的疏浚工程均安排在导堤基本成型后再开工。因此，从总进度安排上要求每个月平均建成 2km 以上的导堤。如此高的施工强度在国内、外水运工程建设史上是前所未有的。

同时，一期工程航道长度为 51.77km，疏浚量 3 182 万 m^3；二期工程航道长度为 74.47km，疏浚量 7 635 万 m^3，工程量巨大，一、二期工程总工期各为三年，要在恶劣的自然条件和大批整治建筑物施工与疏浚施工作业船与通航船舶存在严重干扰的条件下确保总工期，施工强度和难度之大在中国水运工程建设史上均为空前的。

5.9.3 动态管理的内容与做法

5.9.3.1 动态管理的含义及基本程序

长江口深水航道治理工程实施了严格、科学的动态管理。经工程前期的大量研究，特别是在工程可行性研究阶段的详细论证，各方面专家、学者和工程建设者们对于长江口深水航道治理工程的特点和可能遇到的困难，从总体上有了较清醒的认识。明确了这是一项复杂的动态工程，必须实施动态管理。但对于如何具体实施对工程的动态管理，具体的管理内容和程序方式，则只能在工程实践过程中去探索和总结。

总结一、二期工程建设的实践经验，长江口深水航道治理工程实施动态管理与历史上主要为了赶工期而设的所谓“三边”工程（边科研、边设计、边施工）有着本质上的不同，其基本含义是“以确保整治效果和建筑物稳定为目标，以现场监测成果为依据，以科研试验为手段，适时优化设计施工方案”。具体做法是：在工程实施的全过程中，均需以稳定河势为中心，以确保稳定地获得航道水深为目标，严密监测整体河势和整治建筑物推进及航槽疏浚过程中河床的局部变化，监测流场及河槽的冲淤变化；必要时利用数学、物理模型进行验证和研究，科学、适时地对工程做出必要的设计变更，调整施工方案和施工计划，以保证工程顺利实施和整治目标水深的实现。经不断探索，我们总结出一套对本工程实施动态管理的基本程序（见图 5–12）。

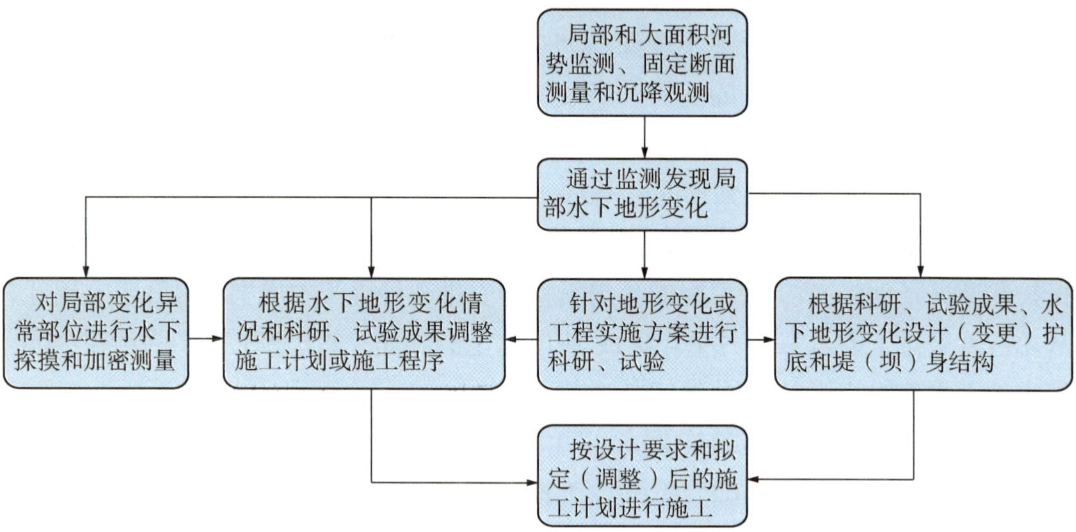

图 5–12　动态管理基本程序示意图

5.9.3.2　工程管理的核心目标是获得最佳整治效果

长江口深水航道治理工程的建设内容主要包括整治建筑物工程和航道疏浚工程两大部分。整治建筑物工程的建设目的不仅是建成总长逾 141km 的南北导堤和丁坝，而是要达到稳定分流口河势、截断横沙东滩窜沟，江亚北槽和九段沙窜沟，形成北槽南、北稳定的边界条件、阻挡堤外滩面泥沙入槽、归集落潮水流，调整北槽流场和地形、形成北槽良好的疏浚成槽和常年维护条件，即发挥“导流、拦沙、成淤”的功能。疏浚工程也不能简单地追求完成巨大的疏浚工程量，而是要与整治措施相结合，分阶段迅速实现航槽水深并以合理的维护疏浚量确保对航道水深的有效维护。

因此，在工程实施阶段，除必须围绕实现最佳整治效果，优化整治建筑物结构设计，科学组织施工（如优先实施分流口鱼嘴工程，按照先导提后丁坝，航槽增深与丁坝的建设在导堤基本建成后同步开始施工等）外，必须对工程进展的全过程实施严格科学的动态监测。

5.9.3.3 监测成果是动态管理的依据

根据前述长江口工程的特点和实施动态管理的目的，对工程实施的动态监测主要包括以下内容。

(1) 长江口总体河势的稳定性监测。

(2) 南、北槽分流口及北槽河势变化的监测。

(3) 整治建筑物周边地形冲淤变化的监测。

(4) 北槽流场及水文泥沙变化的监测。

(5) 航槽及北槽地形调整的监测。

(6) 疏浚成槽效果及航道回淤量的监测。

针对上述监测内容，长江口深水航道治理工程建立了一整套动态管理的监测制度，明确了相应的技术标准和组织管理体系。具体做法如下：

(1) 工作分工、职责及流程（见图 5-13）

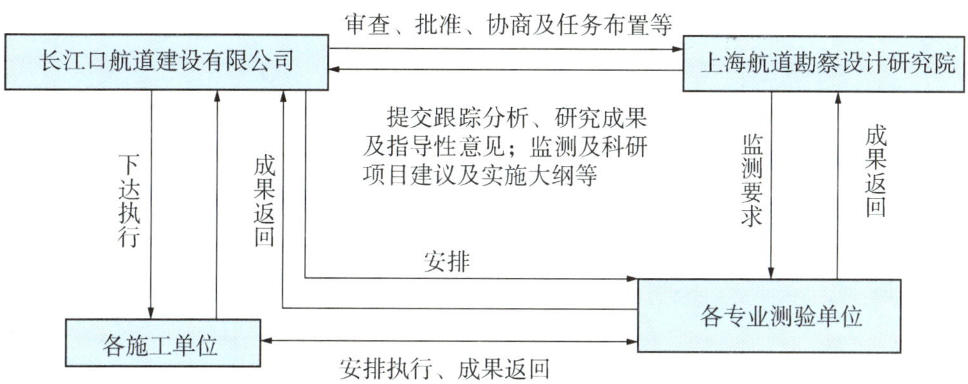

图 5-13 长江口主要监测成果分析流程图

长江口航道建设有限公司（业主）负责批准、安排监测工作及组织审查监测、分析成果。

上海航道勘察设计研究院（总体院）负责编制监测计划和技术要求，并协助业主完成监测成果审查，汇总分析监测成果，提供动态简报，针对突出问题、重点问题联合各家科研试验单位开展研究工作。

各施工单位及相关专业测验单位根据总体要求负责完成相应测验任务。

(2) 监测内容、要求、标准

监测内容、要求（具体见图 5-14、表 5-4）。

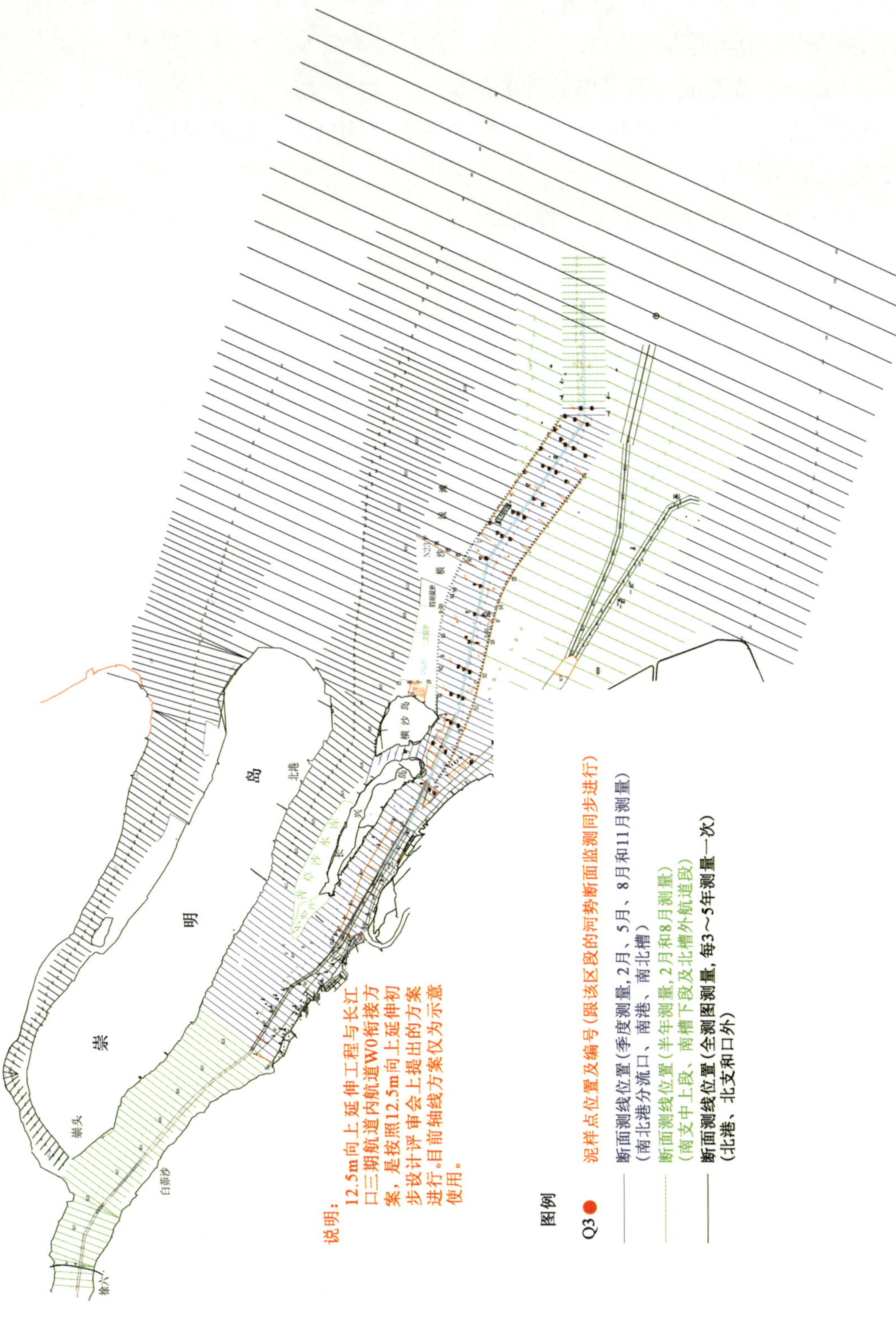

图 5－14 主要监测断面布置图

长江口主要监测内容及分工 表 5–4

类别	监测内容	要求	频次	测量单位
大河势监测	长江口水下地形测量（除南港南北槽）	1:25 000	1 次 / 年度	上海海事局海测大队
	南港南北槽水下地形测量（动态调整）	断面水深测量；河床质	1 次 / 季度	上海航道勘察设计研究院
	南港、南北槽分流分沙比	ADCP、定点	南北港 1 次 / 半年 南北槽 1 次 / 季度	长江委长江口水文水资源勘察局
	北槽流场及水文泥沙监测	定点水文	一般 1 次 /1–2 年	长江委长江口水文水资源勘察局等
小河势监测	整治建筑物周边水下地形（动态调整）	断面水深测量	一般 1 次 / 月	各施工单位委托专业测量单位施测
	周边水流	ADCP、定点	特殊情况	相关单位测量
北槽航道监测	北槽航道（航道两侧 1km）	1:5 000	一般 1 次 / 月	上海海事局海测大队
	北槽疏浚单元检测		一般 1 次 / 周	上海航道局达华测绘等
重点工程区域监测	完善段流场监测（3 次）	ADCP	1 次 / 季度	长江委长江口水文水资源勘察局等
	完善段水下地形监测	断面水深	1 次 / 月	上海航道勘察设计研究院
台风浮泥监测	台风期间水下地形、双频、重度、河床质测量		台风期间	上海航道勘察设计研究院等

注：监测的范围、频次等是动态调整的。

监测成果分析要求、标准（具体见表 5–5）。

对提交监测成果的要求（至 2006 年 3 月） 表 5–5

分析报告名称	分析报告要求	已出版
之一：《南港南北槽河床冲淤变化》	监测成果提交 30 天内	29 期
之二：《整治建筑物周边固定断面水深变化（和周边水流）分析简报》	监测成果提交 5 天内；初步正式成果 10 天内	79 期
之三：《南北导堤轴线及丁坝轴线水深变化分析报告》	监测成果提交 7 天内	6 期
《长江口北槽深水航道疏浚维护简报》	监测成果提交 5 天内	10 天一期
《完善段工程地形及流场监测分析研究》	监测成果提交 15 天内	4 期
《洪水、台风等骤淤突发问题分析研究》	不定期	

5.9.3.4　监测成果的利用——设计、施工方案的优化调整

对各类各次监测成果一般由总体设计院提出分析和调整设计施工方案的建议。一、二期工程施工期还要定期召开整治建筑物工程和疏浚工程施工的动态管理协调会进行分析，提出处理意见。

对于通过监测发现的一般性异常变化，现象清晰，原因明确，易通过工程措施处理的，一般即可做出局部设计变更或调整施工组织及程序的决定。例如：随导堤的推进，堤侧沿堤流增强，导致冲刷沟形成，且发展趋势将可能危及导堤稳定性时，即可决定在相应堤段补铺余排，由设计单位做出变更施工图设计，施工单位及时施工。又如，定期航槽水深检测发现某区段季节性淤积强度增大时，可及时调整疏浚船舶的力量配置，以保证通航水深的维护或全槽增深效果。

但对于需做出重大设计变更，对工程总平面优化或对总体施工程序做出优化调整的问题，则需安排专题科研或试验。经充分论证并严格履行审批程序后，再组织实施。例如，一期工程后期，通过监测发现，N3 ~ S3 丁坝以下段涨落潮流路有一定分歧且与航道轴线夹角偏大；该局部航槽回淤强度明显偏高。经多方案数学、物理模型试验研究，提出了实施完善段工程建议。完善段工程实施后，该段水流条件大为改善，对确保一期工程竣工验收和此后 8.5m 航道水深维护起到了关键作用。

5.9.4　动态管理的实例

5.9.4.1　横沙东滩窜沟的封堵及实施完善段工程

一期工程可行性研究阶段由于工程投资的限制，将北导堤长度定为 16.5km，未能将横沙东滩窜沟的封堵包含在内。由于当时考虑二期工程与一期工程是连续安排的，一期工程开工前也未专题研究二期北导堤长时间不能连续实施可能产生的重大影响。一期工程北导堤建成后经监测发现，北导堤外落潮时沿堤流大幅度增强，绕过临时堤头将大量泥沙经由横沙东滩窜沟淤积到北槽中段主航道内。另外，由于一期工程导堤的堤头终止在整座导堤的转弯段，该处暂未建设丁坝来调整水流，所以涨落潮流路分歧，导致上段深泓偏南，下段深淤偏北（见图 5–15）；加之一期三对丁坝段落潮动力增强，航槽外边滩地形冲刷调整，大量（1 000 多万平方米）泥沙下泄，部分在航槽内淤积。上述原因造成 N3 ~ S3 丁坝下游至航道转弯点（W3）之间的航道在 2000 年洪季的严重淤积，新开通的 8.5m 航道水深的维护遇到极大困难。

根据对地形、流场大量监测资料的分析，长江口航道建设有限公司安排了“长江口深水航道治理一期工程南北导堤超前护底段设计断面完善工程”的专题研究，迅速提出了调整南北导堤超前护底长度和实施完善段工程，部分优化一期工程整

治建筑物总平面的意见，经交通部组织审查批准后实施。到 2001 年 6 月底完善段工程完工。这一系列工程措施封堵了横沙东滩窜沟，利用一期工程设计和施工方案优化节余的投资，在一期工程范围内增建了南北 S4、S5、N4 和 N5 共 4 座丁坝（见图 5–16）。

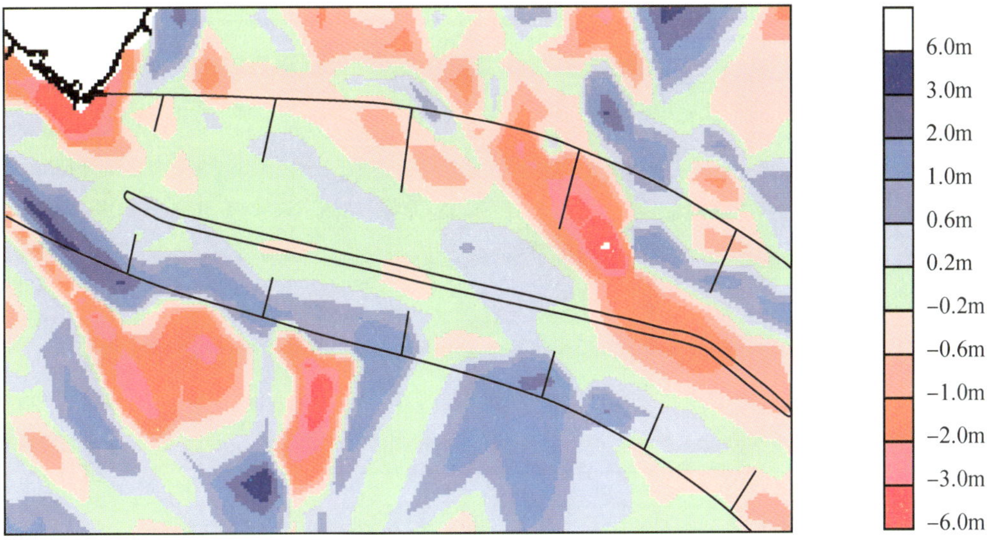

注：蓝色系列表示冲刷，红色系列表示淤积，绿色表示冲淤平衡。

图 5–15　东滩窜沟封堵前河床冲淤变化图（1997—1999 年）

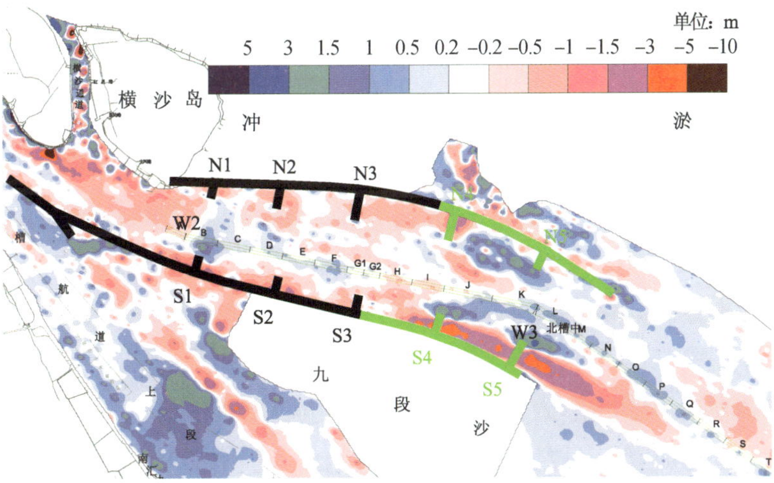

图 5–16　东滩窜沟封堵及完善段工程平面示意图

根据试验成果适度调整了丁坝长度，减小了局部整治导线放宽率，使航道主轴线曲率改缓，从而调整了涨落潮流路，使自然深泓与航道轴线归于一致，遏止了原该航段的流路分歧、局部流速较缓和泥沙易于落淤等不利因素，该段航槽水深显著增加。

这一重大调整取得的优化效果可以从2001—2002年的冲淤变化图清楚地看出（见图5–17）。一期工程竣工验收（2001年6月）至二期工程10.0m航道开通前，一期航道的目标水深（8.5m）始终得到有效保证，维护疏浚量也始终控制在预测范围以内。

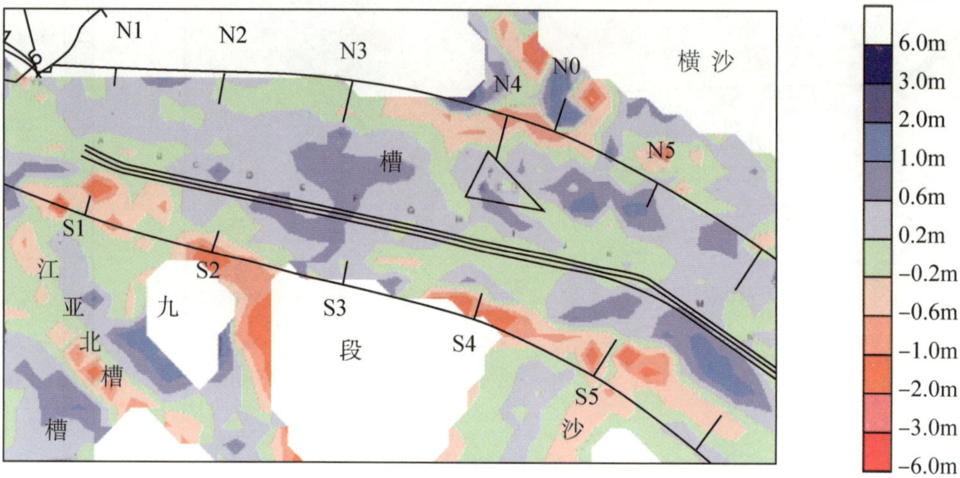

注：蓝色系列表示冲刷，红色系列表示淤积，绿色表示冲淤平衡。

图5–17　完善段工程（含东滩窜沟封堵）实施后河床调整示意图（2001—2002年）

5.9.4.2　二期整治建筑物工程总平面的优化

深水航道整治建筑物工程的总平面是工程总体治理方案的最主要成果，是确保获得良好整治效果的技术基础。经“八五”科技攻关提出的总平面方案是通过对长江口河床历史演变的详尽分析，基本掌握了长江口复杂的滩槽演变和水沙运动规律及河槽冲淤机理后制定的。一期工程的实践，充分证明了总体治理方案是正确的。但是，长江口工程的自然条件及变化规律极为复杂，特别是治理工程的实施必然改变工程前的天然水、沙、地形等环境条件，进而又会反作用于治理效果。因此，仅仅通过工程前依据历史技术资料和经验，在有限条件下进行的模型试验检验的总平面方案，应当而且只有通过工程实践的检验，才能得到合理的修正和完善，从而带来最佳的整治效果。对一期工程实施动态管理的实践，特别是完善段优化工程方案的成功，已经证明了调整整治建筑物，特别是丁坝的布置，是可以优化整治段的流场，获得更好整治效果的。

因此，一期工程建成后，我们即以一期各阶段大量的地形和流场监测资料作为验证，开展了多方案的大型数学、物理模型整治建筑物总平面方案的优化试验研究，力求在一期已建工程的基础上通过局部调整各丁坝的平面布置，使北槽上、下段深泓的衔接更加平顺，深泓宽度更宽、更均匀，对地形的调整效果更佳。

根据试验研究成果，经严格分析、论证，交通部于 2003 年 7 月组织审查后批准了整治建筑物总平面布置优化方案（见图 5–18）。

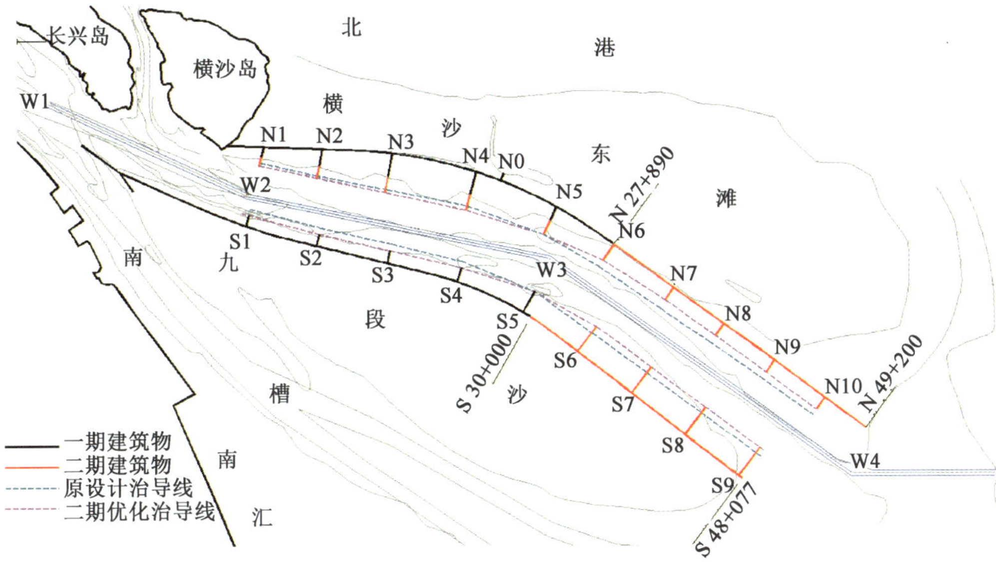

图 5–18　二期总平面布置优化方案示意图

优化方案对南北丁坝形成的治导线进行了合理调整，增大了治导线的曲率半径，将原方案上段的北侧丁坝加长、南侧丁坝缩短；下段的南侧丁坝加长，北侧丁坝缩短。结合北槽地形，该方案加长了浅水区丁坝长度、缩短了深水区丁坝的长度，因此，不仅治理效果更好，还较原方案减少投资约 2 亿元。

按照优化总平面方案，二期整治建筑物工程于 2004 年 12 月全部建成。经约半年的地形调整，2005 年 5 月实测北槽地形如图 5–19 所示。

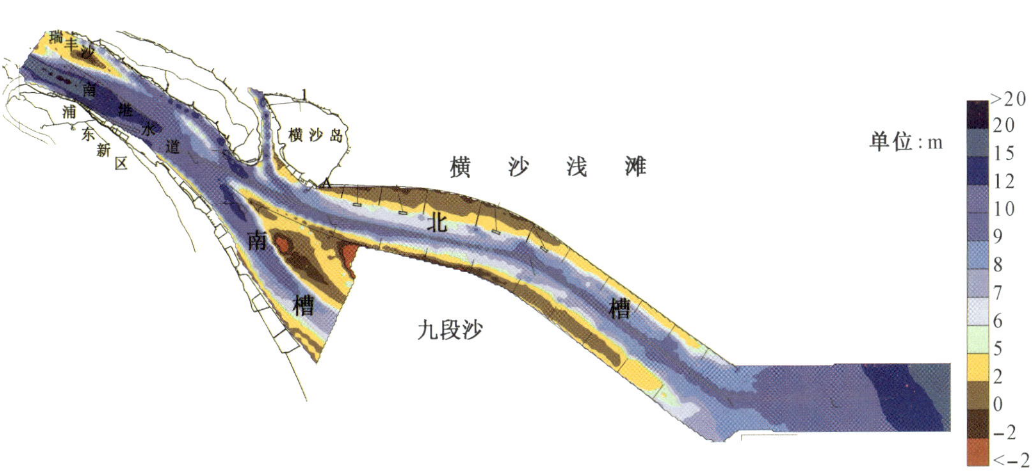

图 5–19　二期工程实施后北槽地形图（2005 年 11 月水深示意图）

由图 5–19 可见，北槽形成了上下深槽平顺连接的微弯态势，一个稳定的、具有一定宽深规模的自然深泓已基本覆盖航槽，自然深泓与航道轴线的吻合较好，充分说明优化的总平面方案保障治理工程获得了良好的整治效果。

5.9.4.3　二期内航道（圆圆沙航道）轴线的优化调整

近年来，根据对南港河段河势监测和圆圆沙航道水深监测资料的分析，发现由于南港瑞丰沙腰部和下沙体的冲刷，泥沙下移堆积在圆圆沙航道北侧，造成圆圆沙航道上段北半部水深减小，10m 深槽则偏在原航槽南侧，使得该段航槽维护难度增加。

针对以上局部河势变化，上海航道勘察设计研究院经对一期工程以来监测资料综合分析后提出，将圆圆沙航道轴线略向南移以避开北侧强淤积区的调整方案（见图 5–20）。这一方案经交通部批准后，于 2004 年 11 月实施。航道轴线调整后的疏浚情况表明该方案充分利用了航槽南侧的水深条件，二期航道基建疏浚工程量减少约 260 万 m^3，取得了令人满意的效果。

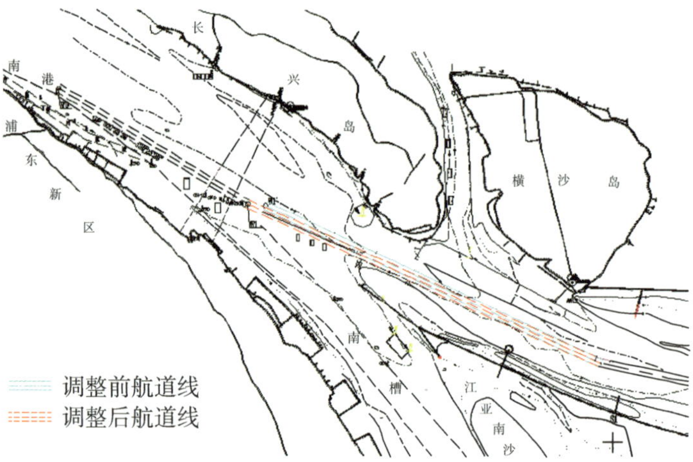

图 5–20　二期内航道（圆圆沙航道）轴线优化调整示意图

5.9.5　结语

基于对宏大、复杂、易变的工程条件的认识，遵循实践—认识—再实践—再认识的唯物辩证法，尊重实践、尊重科学，长江口深水航道治理工程确立了动态管理的原则，制定了一整套对工程实施动态管理的制度，有效地把握和控制住了八年建设期内北槽河势的变化；保障了整治建筑物的稳定。总长 140 余千米的整治建筑物未发生因周边流场和地形变化的失控而产生的失稳破坏事例；一、二期工程均提前建成，工程投资得到了有效控制，工程质量优良，一期工程已获国家优质工程金奖；一、二期航道水深分别在实现 8.5m 和 10.0m 贯通后始终保证了 100% 的通航保证率，取得了良好的治理效果。充分说明了本工程形成的一整套动态管理机制对管理动态工程是卓有成效的，丰富了我国大型河口治理工程的管理经验。

5.9.6 案例分析

长江口深水航道治理工程位于南港口内深槽与口外深水区域之间拦门沙浅段区域——南港北槽区域，治理工程由分流嘴工程（潜堤 3.2km，线堤 1.6km）、南北导堤工程（北导堤 49.2km，南导堤 48.077km）、丁坝群（共 19 座，合计 30.09km）和疏浚工程组成。工程分三期实施，通过分期治理分别达到 8.5m、10.0m 和 12.5m 的通航目标水深。

长江口为巨型多沙河口，经过长期的历史演变，形成了目前三级分汊、四口入海的地貌格局。针对在复杂河口实施长江口深水航道治理工程的特点、难点进行较为全面的分析，简要归纳了其河势变化的复杂性、水动力条件的复杂性、泥沙运移规律的复杂性、困难的施工条件和工程量大及施工强度高等特点、难点。

长江口深水航道治理工程的建设内容主要包括整治建筑物工程和航道疏浚工程两大部分。千百年来，长江口河床一直处在不断的冲淤动态变化之中的，其冲淤相对稳定的河床形态及河槽尺度是动力、泥沙及边界条件综合作用的结果。深水航道治理工程改变了边界条件，动力及泥沙运动条件必将随之发生变化，河床地形也随之发生新的动态调整，直至与新的边界、动力及泥沙运动条件相适应。

长江口是巨型多汊河口，有其独特的水沙运动和演变规律，决不能照搬密西西比河口、莱茵河口等任何河口治理工程的经验；工程前 40 余年的研究成果虽然揭示了长江口水沙运动及河床演变的基本规律，提出了总体治理方案，但南支河段洲滩尚不稳定，北槽的来水来沙条件及自身变化存在一定的不确定性；在当前技术水平条件下，作为整治方案基础的数学、物理模型研究成果尚不可能做到定量准确；尤其是对整治建筑物及疏浚工程施工过程中可能引起的局部流场及滩槽冲淤的变化尚未作过深入具体的研究。

长江口深水航道治理工程实施了严格、科学的动态管理。施工过程中，实施严格科学的动态监测，根据实际情况对整治建筑物结构设计进行了优化，并科学地组织施工，总结归纳了针对本工程特点的长江口深水航道治理工程“动态管理”（“以确保整治效果和建筑物稳定为目标，以现场监测成果为依据，以科研试验为手段，适时优化设计施工方案”工程的动态管理模式）的创新模式，简要阐述了长江口深水航道治理工程实施以来的动态管理做法和经验，就动态管理的监测分析机制、科研试验机制、工程管理基本程序及决策机制作了进一步说明，并就一、二期工程实施过程中突出优化的实例作了典型说明，“动态管理”确保了长江口深水航道治理一、二期工程顺利完成、工程投资有节余及工程取得显著治理效果的巨大意义，丰富了世界大型河口治理工程实施的管理手段和模式，在河口治理、港口航道、海岸工程等复杂工程项目建设中具有突出的应用和推广价值。

由于前文所述长江口自然条件的显著特点和施工条件的巨大困难，工程效果存在着不确定性。只能在工程实践中不断加深对水沙运动、冲淤变化规律及工程施工的合理性的认识，从而不断完善工程施工方案。因此，长江口深水航道治理工程的建设管理绝不能简单地“照图施工”,而必须始终围绕获得最佳整治效果（以最小的工程代价获得全航槽设计水深，并以最低疏浚工程量稳定地加以维护），把现场监测、试验研究、设计和施工管理有机地结合起来，实施科学的动态管理。

5.10 长江南京以下 12.5m 深水航道治理一期工程的动态管理案例

长江是世界上运量最大、运输最繁忙的通航河流之一。随着党中央、国务院部署的东部率先实现现代化、中部加快崛起、西部大开发等重大的国家战略相继实施和长江口深水航道治理工程建设，长江沿江经济快速发展，特别是江苏沿江产业带不断形成，地区经济呈现持续快速增长的势头，迫切需要发挥沿江港口和长江深水航道优势，大力提升国际航运功能，并进一步深化改革开放，发展低碳经济，全面实现长江三角洲地区区域规划的目标。

目前，长江口深水航道治理工程历经十二年建设，已经竣工投入运行，2011 年 1 月深水航道又上延至太仓荡茜闸。长江口 12.5m 深水航道的开通，能满足第三、四代集装箱船和 5 万吨级船舶（实载吃水≤ 11.5m）全潮双向通航的要求，同时兼顾第五、六代大型远洋集装箱船舶和 10 万吨级满载散货船及 20 万吨级减载散货船乘潮通过长江口。

长江口航道的建设大大促进了江苏沿江港口海运发展，为沿江产业布局和实施提供了有力支撑。据统计，2010 年江苏省实现国内生产总值 4.09 万亿元、外贸进出口总额 4 658.10 亿美元、财政总收入 9 118.59 亿元。其中沿江八市面积占全省的 47.2%、人口占 55.1%，实现国内生产总值、实际利用外资、进出口总额分别占全省的 80%、94% 和 97%。同时，江苏沿江港口吞吐量保持高速增长，2010 年沿江港口吞吐量达到 10.2 亿 t，比 2002 年增长了 3.5 倍，年均增速高达 20%，高于全国平均增速 6.3%，2010 年沿江港口吞吐量分别占全国和长三角沿海港口的 13% 和 37%，已有南京、苏州、南通、江阴、镇江五个亿吨大港，是全国亿吨大港最为集中的区域。未来沿江地区仍将是重化工业和现代服务业发展的主要地区，并将保持快速增长的趋势，2015年、2020年和2030年长江江苏段预测海运量将分别达到6.9亿t、8.7亿t和11亿t。长江口12.5m深水航道上延到南京将为支撑和带动沿江地区经济开发创造更加良好的通航条件，充分发挥长江三角洲地区资源集聚和辐射作用。12.5m深水航道向上延伸到南京工程拟分期实施，其中一期工程已交工验收，并于2014年7月9日试运行。目前二期工程已于2015年6月29日正式开工建设。

5.10.1 工程概况

长江南京以下12.5m深水航道治理一期工程位于太仓（荡茜闸）至南通（天生港区）河段，全长约56km，上承南通水道，下接浏河水道。工程区距南京市约250km，距上海市约37km，分别隶属江苏省南通市和苏州市。沿江自上而下，左岸为江苏省南通市、上海市崇明县，分布有南通港狼山港区、富民港区、江海港区、通海港区，右岸为苏州市的张家港市、常熟市与太仓市，分布有苏州港张家港港区、常熟港区和太仓港区。工程河段形势如图5–21所示。

长江南京以下12.5m深水航道一期工程包括通州沙和白茆沙整治工程、新建闸护岸加固工程、航道疏浚工程、助导航设施、锚地工程和临时工程等。通州沙和白茆沙整治工程主要为潜堤、丁坝等水工建筑物；航道疏浚工程范围集中在狼山沙东水道航道和白茆沙南水道航道；配套建设包括施工期专设航标、整治建筑物示位标和灯桩、航道沿线浮标等；锚地工程为调整常熟港下海轮锚地；新建闸护岸工程包括崇明岛右缘新建闸处2km长抛石堤护岸加固和新建闸上游4号丁坝延长。

工程河段分为通州沙河段、徐六泾河段和白茆沙河段。

通州沙河段（西界港—徐六泾）全长约39km，为暗沙型分汊河道。进口段主流被通州沙分为东、西水道，近出口段自左向右分别被新开沙、狼山沙和铁黄沙分为新开沙夹槽、狼山沙东、西水道和福山水道。目前，长江下泄主流走通州沙东水道—狼山沙东水道，该水道呈弯曲河型，沿程12.5m深槽贯通，滩槽高差可达20 ~ 30m。

徐六泾河段为通州沙河段与白茆沙河段间的节点河段，总长约12.4km，河宽在4.5km之间，北侧为新通海沙，南侧为白茆小沙。该河段沿程12.5m深槽贯通，滩槽高差可达约40m。

过徐六泾河段后，长江被崇明岛分为南支和北支，目前长江96%以上的主流经南支下泄，进入南支白茆沙河段。白茆沙为南支进口处的大型江心暗沙，将南支河道分为白茆沙南水道和北水道。该河段上起白茆口，下至七丫口，河段全长23km，主流走南水道，沿程12.5m深槽基本贯通，长期保持着白茆沙两汊并存、南强北弱的态势。

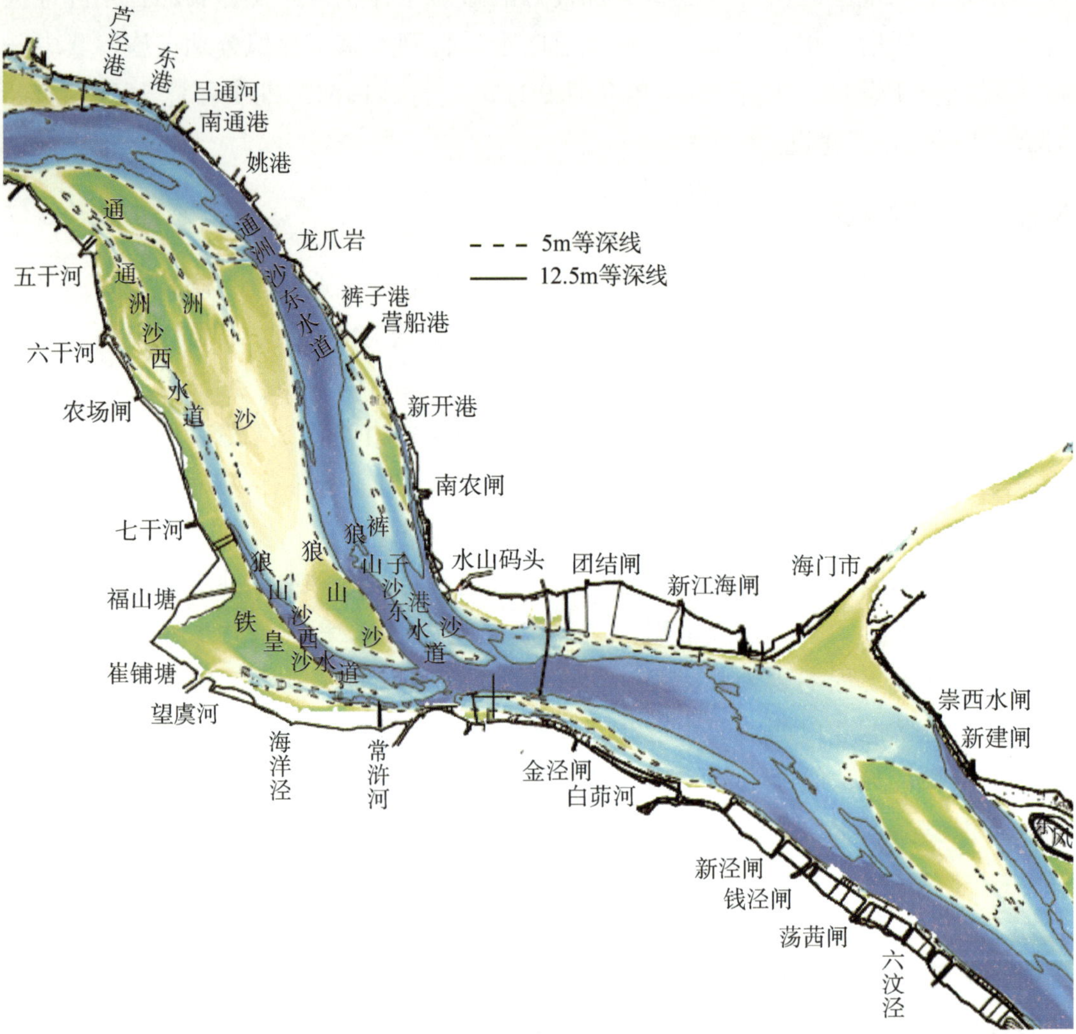

图5–21　工程河段形势图

一期工程工程范围为长江干线太仓（荡茜闸）至南通（天生港区），河段全长约56km，以徐六泾为界分为通州沙水道和白茆沙水道，通州沙水道内分布通州沙、狼山沙等沙洲，白茆沙水道分布白茆沙等沙洲，通州沙东水道下段—狼山沙东水道上段和白茆沙南水道进口段分别存在浅区，且局部河势存在不利于航道水深的趋势（图5–22），为保证深水航道向上延伸工程的顺利实施和航道的长期稳定运行，需开展航道治理，结合疏浚措施，实现12.5m深水航道从太仓（荡茜闸）上延至南通（天生港港区）的建设目标。

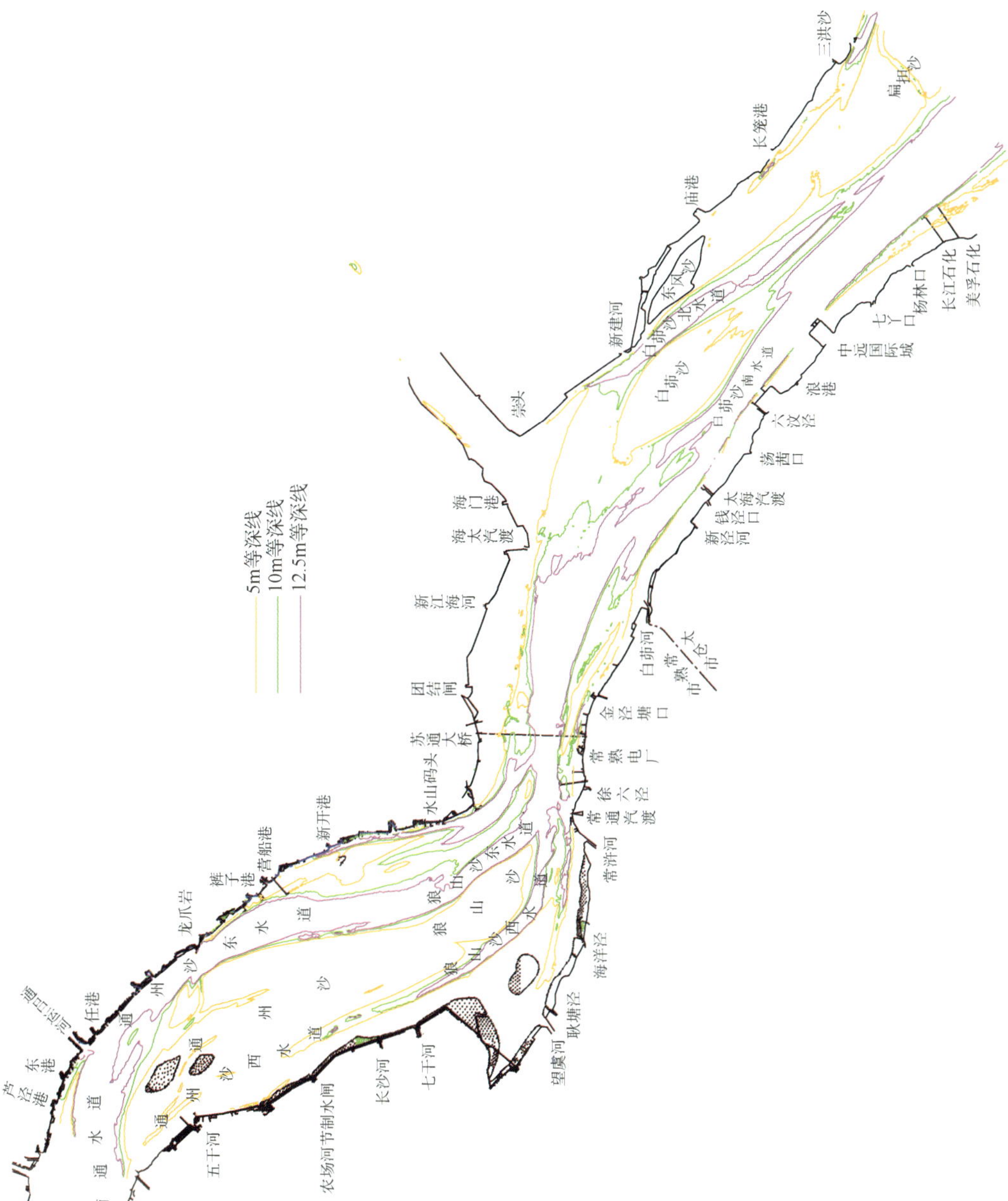

图 5－22 工程河段河势现状图（2011 年 10 月）

5.10.2 本工程主要特点

（1）全面调查分析本工程与上下游相关工程的相互影响。

①工程河段上下游附近相关工程有三个，即位于福姜沙水道的双涧沙守护工程和位于口岸直水道的鳗鱼沙心滩头部守护工程、落成洲守护工程，工程均为长江 12.5m 深水航道向上延伸的基础性工程，目前均已完工。

福姜沙水道自 20 世纪 70 年代后，多次实施了较大规模护岸和河道治理工程，特别是 2010 年由双涧沙守护工程对河段内最大活动沙体实施守护后，该河段主要沙体均已基本受工程控制，河势与出流条件基本稳定，为下游通州沙分汊河段滩槽相间、主流走通州沙—狼山沙东水道的总体格局保持稳定提供了上口条件。有关研究和建成后的实际工程效果均表明，双涧沙守护工程建设引起的水沙运动变化范围局限于工程区附近，对下游通州沙河段和南京以下 12.5m 深水航道建设一期工程无不利影响。

口岸直水道与福姜沙水道之间为江阴水道，其河床多年来一直稳定，深泓南偏，出口节点作用明显，河段的水沙运动及河床演变对福姜沙水道及以下河段河床演变基本无影响。口岸直水道的鳗鱼沙心滩头部守护工程和落成洲守护工程以洲滩守护为建设目的，并为12.5m深水航道向上延伸奠定基础。根据有关模型研究成果，工程建设没有改变所在河段两汊并存的整体格局，对水沙运动和河床演变的影响也限于局部，对南京以下 12.5m 深水航道建设一期工程无影响。

深水航道一期工程大量的模型试验和研究论证表明，工程影响范围局限在工程附近水域，对上下游相关航道整治工程无不利影响。

②工程河段及附近的其他涉水工程有四个，分别为太仓浏家港岸线调整工程、常熟福山水道南岸边滩综合整治工程、新通海沙岸线综合整治工程、通州沙西水道河道整治工程等。

其中，前三项工程为国务院批复的《长江口综合开发整治规划》（2008 年 3 月）相关工程内容，现已由江苏省有关部门批准建设。长江航道主管部门审查并批复了工程对航道影响的论证，批复意见为：工程距长江主航道较远，对长江主航道的布置和维护影响较小。另经研究，深水航道一期工程不会对该三项工程造成不利影响。

通州沙西水道河道整治工程的工程项目建议书和工程可行性研究报告已得到江苏省有关部门批复。根据项目建议书批复，该工程近期建设目标为 5 万吨级船舶双向满载通航，按此要求，可推算得出航道设计底高程为 −14.7m（85 高程，下同）；根据工程可研报告批复，该工程建设分三阶段实施，其中一阶段水道底高

程为 −8m。长江航道主管部门已审查西水道工程一阶段的航道影响论证，但尚未批复。目前，通州沙西水道一期工程已开工建设。

鉴于该工程与深水航道一期工程的通州沙工程隔通州沙和狼山沙相邻，同位于通州沙河段，其建设可能对长江深水航道产生影响。应交通运输部要求，长江南京以下深水航道建设指挥部委托有关单位论证通州沙西水道河道整治工程对深水航道一期工程的影响。根据模型试验和研究结果，西水道工程的一阶段（−8m）对长江深水航道一期工程的影响程度较小，主要表现为可能加速通州沙中部滩面窜沟的冲刷，该影响可通过工程措施给予解决；但近期建设目标（−14.7m）对长江深水航道一期工程有一定程度的负面影响（“工程河段总纳潮量进一步减小，东水道沿程落潮潮量和落潮分流比降低，虽不会威胁东水道的主汊地位，但会引起东水道主槽淤积”；“明显削弱深水航道一期工程改善浅段动力和地形的治理效果，增大深水航道的维护工程量”）。目前，《通州沙西水道河道整治工程对长江深水航道一期工程影响论证报告》已报交通运输部。

（2）利用最新暗沙、浅滩的水沙测验和同期地形测量资料，结合前期模型研究成果和有关专家意见，对整治建筑物平面方案进行了较为全面的优化研究。

①为掌握工程河段地形和水沙运动的最新变化，深化对工程河段滩槽水沙运动及地形变化规律的认识，长江南京以下深水航道建设指挥部组织科研、勘察和设计单位制定了太仓—南通河段暗沙、浅滩水沙运移观测与分析计划，并于 2012 年 3 月对通州沙河段实施了枯季现场观测，观测内容包括河段地形全测、ADCP 走航式水文泥沙观测和近底水沙观测等，观测分析成果已于 2012 年 7 月通过专家审查。本项工作为工程模型试验和工程总平面优化提供了基础。

②根据模型试验成果和工程河段现场观测结果，结合前期研究成果、工可评估会意见，设计单位和研究单位开展多轮建筑物平面布置方案优化工作，并在此过程中多次组织专家进行论证，以期取得预期整治效果。

A. 结合工可评估会意见和现场水沙地形资料，进一步分析工可阶段推荐方案的效果，深化研究整治建筑物的功能定位，梳理方案设置原则，明确优化方向。据此，设计单位初步提出优化方案。

B. 采用潮流数学模型研究初步方案，对通州沙—狼山沙潜堤的高程、过渡段位置与高程以及白茆沙南侧齿坝长度与高程进行多方案筛选，提出优选方案。

C. 采用泥沙数学模型和局部动床物理模型试验相结合的手段，对经潮流数模研究后的优选方案进行论证。主要对总平面方案的护滩效果、改善浅段动力效果和相关影响等进行比选分析，初步提出整治建筑物工程平面推荐方案。

此后，长江南京以下深水航道建设指挥部组织开展了初步设计阶段数学和物理模型成果验收研讨会。与会专家在肯定有关数物模工作的同时，对通州沙潜堤头部位置、通州沙—狼山沙潜堤高程、通州沙—狼山沙潜堤南侧齿坝高程以及白茆沙整治工程南侧齿坝高程等提出了新的优化意见。设计科研单位在充分分析上述意见的基础上，采用现场资料分析、潮流数学模型筛选、泥沙数学模型和局部动床物理模型综合论证的技术手段，重点对通州沙—狼山沙潜堤高程、潜堤外侧齿坝高程和白茆沙头部潜堤、南堤南侧齿坝高程进行了多方案比选优化，最终得出效果更优的平面布置方案作为初步设计的推荐方案。

(3) 为适应河道变化，已明确安排以下有关实施动态监测管理工作：

①为满足观测精度要求，提高施工质量，已落实 GPS 站网系统技术方案和建设内容。

②明确提出加强工程动态管理的要求，提出了完善的动态监测和分析研究计划，并制定了工程信息反馈和应急处置预案；工程实施中，各参建单位将严格执行动态管理的要求。

5.10.3 工程河势稳定性分析及对工程影响

5.10.3.1 工程河势稳定性分析

针对航道的稳定性分析，本工程河势研究着重关注长江河口格局形成、边界基本稳定后的演变情况，并以 1998 年大洪水作用为界，1998 年之前作为历史演变阶段，1998 年后作为近期演变阶段。

(1) 历史演变阶段：

①在澄通河段未实施大规模护岸工程前，上游汊道变化导致通州沙河段主次汊多次更替；20 世纪 70 年代澄通大规模护岸工程实施后，通州沙河段上游边界条件逐渐稳固，主流位于东水道的态势得以确立。

②通州沙东水道左岸护岸和港区建设工程使主槽东边界得到固定，龙爪岩附近的上顶冲段不再发生崩岸；下段河道宽浅，加之主槽右侧沙体未受到防护，在主流顶冲和弯道水流作用下，该区段仍然存在沙体下段左缘崩退、主泓不断向西坐弯、左侧边滩发育的态势，这种态势的不断发展可能导致左侧边滩切割形成独立沙体或散沙、主流改走新沙体东侧水道。

③在徐六泾节点河段形成前，白茆沙河段受上游主流摆动影响，汊道更替频繁；沙体多次发生淤长离开南岸、冲刷下移、北移并岸等变化。徐六泾节点河段的形成削弱了通州沙河势变化对白茆沙的影响。但是，由于徐六泾下游出口段河宽较大，落潮主流仍然存在一定的摆动空间，可能对白茆沙进口段局部河势造成一定影响。

(2) 近期演变阶段：

①工程河段整体滩槽格局基本稳定。

②在通州沙河段，通州沙沙头东北侧区域有所冲刷，滩面南北向窜沟有所发育；通州沙下段—狼山沙北缘冲刷后退、主槽不断走弯，裤子港沙下段南缘淤长南压、北缘窜沟发展。受此影响，狼山沙东水道不断西移，上段主槽淤浅，12.5m 深槽宽度不足。

（3）徐六泾河槽进一步束窄，节点作用加强，深泓稳靠南岸，河槽上窄下宽。受下游白茆沙沙头持续下移影响，出口断面河槽坦化，出口段主流摆动空间加大。

（4）白茆沙沙头冲刷下移，上游河槽向宽浅型发展。白茆沙南北水道维持“南强北弱”态势。其中，南水道冲刷发展，深槽不断向北拓宽，而南水道进口段存在水下浅区。白茆沙冲刷泥沙下泄，加剧南支中下段局部深槽淤积。

（5）北支水沙倒灌现象减弱，影响范围主要位于北水道进口段及北岸海太汽渡附近，对南水道及徐六泾主槽河床冲淤影响不大，对白茆沙变化影响也较小。

5.10.3.2 河势演变趋势及对深水航道建设的影响

工程河段滩槽总体格局基本稳定，落潮主流稳定在通州沙东水道—狼山沙东水道—徐六泾主槽—白茆沙南水道。但局部河段的河势变化对本工程航道建设存在一定影响。具体如下：

（1）通州沙存在沙头冲刷和窜沟发育的趋势，易增加下游深槽泥沙来量，但现阶段尚不会对深水航道建设一期工程造成明显不利影响。

（2）通州沙东水道弯曲幅度不断加大，在弯道水动力结构影响下，通州沙下段—狼山沙左沿冲刷后退、裤子港沙南缘 5 ~ 10m 滩坡淤长南压和深槽弯曲束窄是通州沙下段固有的河床演变规律。如果任其发展将加剧狼山沙东水道上段的碍航程度，最终可能出现深槽极度弯曲、新开沙—裤子港沙窜沟发展贯通、局部边滩切割成水下独立沙体或形成不稳定阴沙、落潮主流改走裤子港沙北侧窜沟等不利局面。

（3）徐六泾河段节点作用下，上游通州沙河势的变化对下游白茆沙河段的影响已大幅减弱。但是，徐六泾河段深槽上窄下宽，加之白茆沙沙头不断冲刷后退，导致落潮主流出徐六泾后摆动空间加大。

（4）白茆沙沙头不断冲刷后退，上游滩面持续坦化，不利深槽稳定。落潮主流进白茆沙南水道后偏南下泄，使南水道进口段北侧落潮动力不足，形成浅区。此外，白茆沙体的冲刷下移将加剧扁担沙西侧冲刷、窜沟发育、沙尾淤长，若任由其发展，则白茆沙河段滩槽格局的稳定将可能受到影响。

（5）白茆沙沙体持续冲刷，一部分泥沙下泄，增加了下游深槽底沙来量，加剧南支深槽淤积，使深槽向宽浅方向发展，将影响 12.5m 水深航道的长期稳定；同时另一部分泥沙堆积在白茆沙沙尾东南侧和白茆沙北水道下口，对白茆沙南北水道通航均不利。

综上所述，通州沙河段及白茆沙河段的局部河势变化存在着对深水航道的建设和维护不利的状况，因此尽快采取工程措施守护通州沙—狼山沙左缘和白茆沙沙头等重要部位对于 12.5m 深水航道的建设是必要的和紧迫的。

5.10.3.3　综合评价

工程河段的水沙特性及河势分析表明，本工程河段存在滩槽水沙交换，底沙输移现象明显。通州沙下段左缘偏西向落潮流促使滩坡冲刷后退，加之狼山沙窜沟分流和狼山沙左缘冲刷后退，深槽向西弯曲，局部输沙动力不足，浅段发育。在白茆沙河段，沙头冲刷后退，上游河道向宽浅方向发展，主流摆动余地增加。通州沙河段和白茆沙河段的局部河势正朝着不利于航道建设与维护的方向发展，必须采取一定的整治工程措施才能为深水航道的建设和长期稳定创造条件。

（1）通州沙下段—狼山沙左缘冲刷后退，通州沙东水道下段—狼山沙东水道主槽不断弯曲，裤子港沙下段南缘淤长南压，使通州沙东水道下段—狼山沙东水道上段深槽宽度不足。因此，通州沙河段航道建设当务之急是及时有效地控制深槽右侧的通州沙下段—狼山沙左缘冲刷后退、主槽不断走弯的态势。为此，须在通州沙—狼山沙左缘实施守护工程，稳定相关沙体和深槽同时减少通州沙与狼山沙的漫滩分流量，归顺主槽水流，维护主槽水深。具体而言：

①从落潮主流线分布来看，自裤子港以下落潮主流逐渐指向右岸，对通州沙下段—狼山沙左缘的冲刷作用沿程加剧。自 2004 年后，通州沙左缘 10m、12.5m 等深线均自裤子港下游 2km 附近对开区域开始逐渐西偏，至狼山沙左缘西偏最为显著，并且狼山沙尾也存在持续冲刷西移的现象。因此，建议通州沙—狼山沙左缘的守护工程上起裤子港下游 1 ~ 2km 对开较为稳定的通州沙沙体左缘区段，向下延伸至狼山沙尾，并对狼山沙尾也须作一定防护工程。

②自裤子港向下落潮期偏西向漫滩流沿程加强，至狼山沙窜沟上游尤为明显，而窜沟区域涨落潮分流比可占 5%。因此，守护工程在窜沟处须加强限流作用。

（2）白茆沙河段的水沙条件及水深状况现阶段尚能满足航道建设的需求，但任由白茆沙沙头冲刷后退将影响该河段局部滩槽格局稳定，且冲刷下移的泥沙对下游深槽的维持是不利的。

在白茆沙河段应及时对白茆沙沙体采取固滩防冲措施，具体可参考近期白茆沙沙体相对完整而南、北水道具有良好水深时的沙体形态和位置，适当采取工程措施，调整流场、归顺南北水道水流，在守护沙体的同时应尽量增强已显宽浅的南水道上口浅段水流动力，利于上游泥沙下泄过境，为深水航道的建设和长期稳定创造条件。

5.10.4 初步设计阶段整治建筑物平面优化研究

在前期方案研究的基础上，有关设计和科研单位采用潮流数学模型、泥沙数学模型、动床物理数学模型对整治建筑物平面方案进行研究。具体如下：

5.10.4.1 通州沙整治建筑物

（1）潜堤

根据前期研究成果，潜堤堤顶高程对于滩槽水沙交换、局部护滩效果和主槽落潮动力改善存在重要影响。主要表现为堤顶高程越高，潜堤内侧局部掩护区护滩效果和航道浅段落潮动力改善效果越好，但是潜堤堤头绕流和潜堤顶部越堤流现象越明显，且这种影响主要表现在通州沙—狼山沙窜沟所在附近区段内潜堤的高程变化上。

为此，本阶段对通州沙—狼山沙过渡段布置进行比选研究。

（2）丁坝

前期研究表明，丁坝高程越高，丁坝间护滩效果越好，但坝顶高程越大，丁坝挡水面积越大，丁坝与潜堤形成的河床阻力越大，工程区上游绕堤流现象越明显。

为此，本阶段在深化分析各座丁坝的功能的基础上，对丁坝坝顶高程进行了比选研究。

5.10.4.2 白茆沙整治建筑物

根据前期研究成果，白茆沙南侧三座丁坝中 S2 丁坝工程强度较大，对流场的干预程度大，上下游附近水流强度不均衡，存在局部坝顶越堤流过于强烈等不良流态。此外，S3 丁坝整体位于 S1、S2 丁坝下游的落潮缓流区，其下游滩面至航槽出现延伸范围较大的流速减小区。

本阶段对白茆沙南侧 S1、S2 丁坝顶高程和 S3 丁坝长度进行了比选研究。

5.10.4.3 设计概要

（1）设计主要结论

本工程设计船型为 5 万吨级集装箱船，5 万吨级其他货种船舶以及 5 万吨级以上船舶作为兼顾船型。

本工程将建成 12.5m 水深航道，航道全长 57.2km，设计水深 12.5m，航道宽度不小于 500m，满足 5 万吨级集装箱船（实载吃水≤ 11.5m）全潮，5 万吨级散货船、油船乘潮双向通航；兼顾 10 万吨级及以上海轮减载乘潮通航。

（2）整治目标、整治原则

整治目标为遏制不利趋势、维持洲滩关键部位的稳定、改善航道条件，整治原则为“固滩，稳槽，导流，增深”。

（3）工程方案（整治建筑物平面布置）

①通州沙整治工程（见图 5–23）

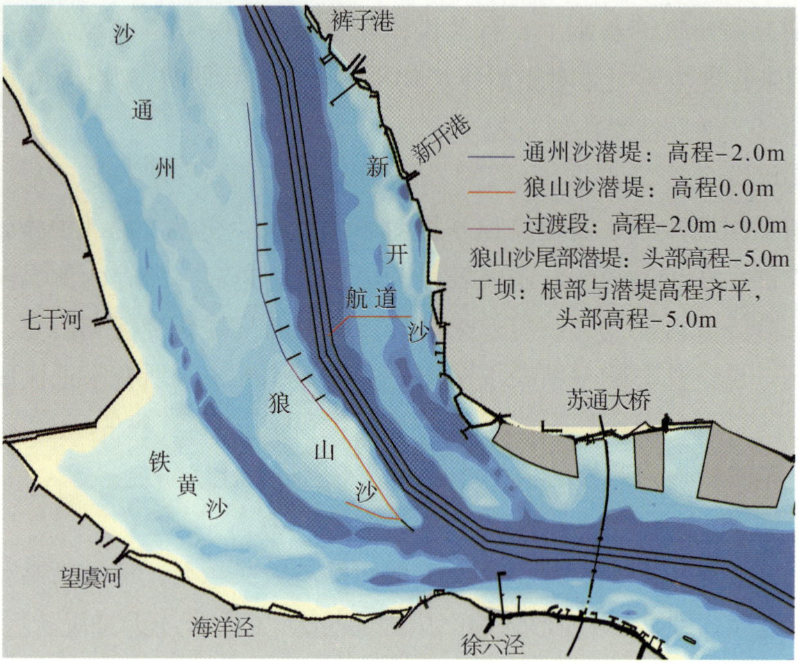

图 5–23　通州沙整治建筑物平面方案

针对通州沙、狼山沙左缘冲刷后退，通州沙东水道下段主泓不断西偏弯曲，在通州沙及狼山沙左缘采取工程措施以稳定通州沙—狼山沙左缘滩坡，进而稳定不断弯曲的通州沙东水道下段深槽，以形成相对稳定的航道边界、适当改善浅区动力是整治建筑物工程的核心功能要求。具体工程措施为在通州沙下部左缘和狼山沙左缘及尾部布置护滩潜堤，在通州沙—狼山沙窜沟段实施潜堤，并在上述潜堤的外侧布置丁坝以保护主堤堤身安全、防止潜堤外侧滩坡冲刷、稳定深槽；在狼山沙沙尾及南侧布置护滩潜堤以保护处于冲刷状态的狼山沙下沙体。

A. 平面布置

通州沙潜堤轴线布置在通州沙左缘 2 ~ 5m 等深线（水深采用当地理论最低潮面，下同）附近，同时平顺布置狼山沙潜堤轴线。其中，潜堤头部位于 2m 等深线以浅的高滩，向上设置护底。在潜堤外侧设置 8 座丁坝以达到护堤、固滩目的。

B. 高程布置

窜沟上游段堤顶高程设为 –2.0m，下游段（狼山沙侧）堤顶高程设为 0.0m。通州沙—狼山沙窜沟过渡段长度取 6.6km。丁坝根部 30m 范围内堤顶高程与潜堤齐平，T1 ~ T4 丁坝堤身高度 2m；T5 头部高程 –7.0；

T6 ~ T8 丁坝头部高程 –5.0。

②白茆沙整治工程（见图 5-24）

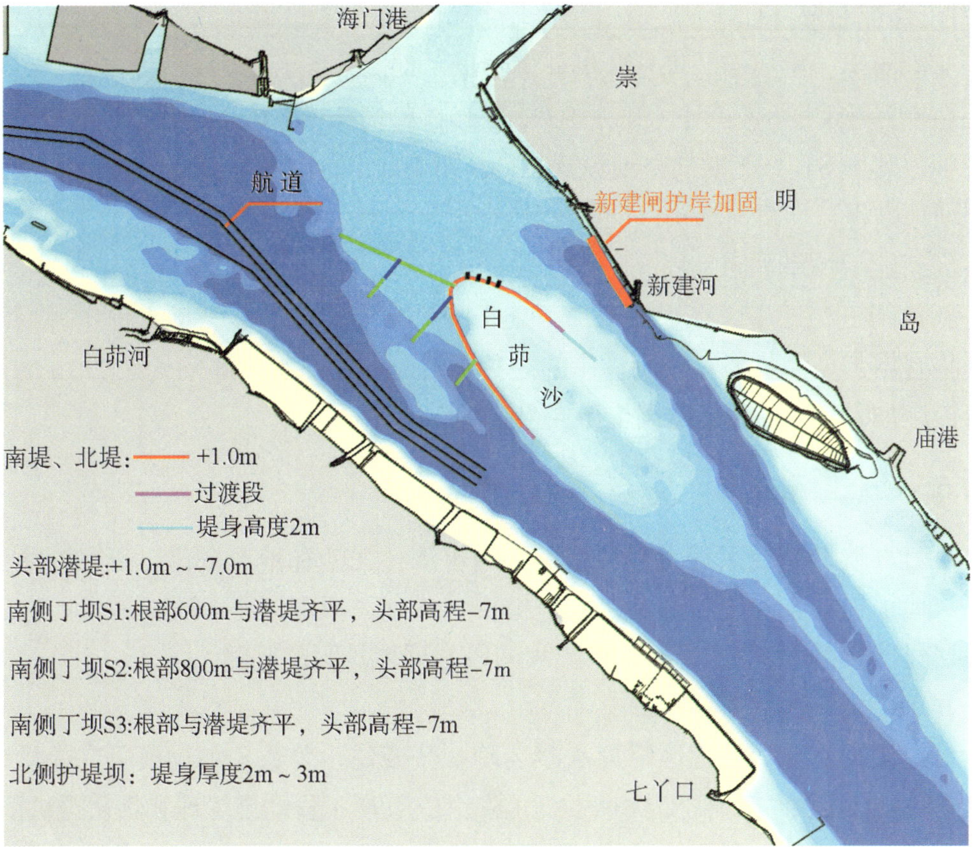

图 5-24　白茆沙整治建筑物平面方案

针对白茆沙沙头持续冲刷后退、白茆沙南水道向东拓宽的状况，在白茆沙沙头和沙体边缘布置采取工程措施以抑制白茆沙头不断冲刷后退、南水道进口展宽出浅的不利态势，保护沙体形态，以形成稳定的航道边界、适当增加浅段动力条件是整治建筑物工程的核心功能要求。具体工程措施为在白茆沙上部高滩南北边缘布置护滩潜堤固滩防冲、稳定白茆沙头，在白茆沙头部及向上游局部延伸区域布置潜堤，以增强护滩的效果，在头部潜堤及南侧堤南侧布置丁坝以增加护滩范围，适当增强浅段落潮动力。

A．平面布置

a．头部潜堤轴线大致沿近年白茆沙沙体相对完整且两侧水深相对较好条件下白茆沙上游滩脊线布置；

b．白茆沙南堤和北堤主要沿白茆沙沙体两侧 2m 等深线布置；白茆沙南堤尾部增设护底；北堤堤线适当南移，并在堤尾增设护底；

c．在头部潜堤和南堤南侧布置丁坝 3 座；

d. 在北堤头部北缘设置护堤坝 4 座。

B. 高程布置

头部潜堤、护滩南北堤及北堤外侧护堤丁坝高程同方案一。

白茆沙南侧 3 座丁坝（S1 ~ S3）头部高程均为 −7.0m。根部坝顶高程与潜堤齐平，其中 S1、S2 根部分别设置 900m 和 700m 高程齐平段再向头部渐变，S3 丁坝坝顶高程自坝根向坝头以同一坡比渐变。

③新建闸护岸加固工程

新建闸上游近岸区在天然条件下处于冲刷状态，白茆沙整治工程实施后沿岸流速略有增加。为加强对该段护岸的守护，对崇明岛右缘新建闸处长 2km 的岸段进行护岸加固，并延长新建闸上游 4 号丁坝。

5.10.5 动态监测安排

及时准确地掌握工程方案实施引起的水流、泥沙和地形变化，正确评估工程效果，为工程动态管理和顺利实施提供科学依据，拟利用多种观测手段，在工程实施期间（3 年）和交工后 1 年对工程河段开展现场跟踪监测。

5.10.5.1 水文测验

掌握工程实施后工程区附近水沙运动及其变化，为数模和物模研究提供率定验证资料，以便及时准确把握和评价工程效果、开展工程动态管理和优化提供依据。

在通州沙头部、中部、狼山沙尾部、徐六泾、北支、白茆沙南北水道和七丫口下游布设 ADCP 分流分沙比观测断面。在新开沙夹槽、白茆沙头部潜堤上游侧以及南北水道入口分别布置定点垂线分析工程实施后流场变化以及与 ADCP 断面形成航道沿程纵向流场分布，共计 7 条 ADCP 大断面、25 个动船取沙点、7 个定点水文测验点，每年开展洪枯季大、小潮观测。

底质取样站位包括定点垂线和 ADCP 动船取沙点、航道沿线河床和主要沙洲共 19 个底质取样以及 10 个疏浚段航道回淤物取样。取样在水文测验期间进行。

5.10.5.2 工程区域河势变化跟踪监测

为及时掌握工程河段地形调整情况、正确评价工程效果，需开展大范围地形跟踪监测以获得系列地形数据，为数模和物模研究提供率定验证资料，并为工程动态管理和优化提供依据。

测量范围包括南通水道九龙港至南支主槽浏河口区段。由于本工程河段具有地形复杂、局部关键部位冲淤速率快等特征，为准确把握河势变化信息，采用固定断面观测，断面间距采用 500m，单次测线长度约 1 600km，每季度监测一次。

5.10.5.3 整治建筑物周边地形测量

为及时掌握整治建筑物堤身周围冲刷发展态势，判断堤身安全情况，为工程动态管理和优化提供依据，需对整治建筑物堤身沿线局部地形变化进行大比例尺监测。

监测断面沿通州沙、白茆沙整治建筑物堤线布置，断面间距取 250m，单次测线长度约 127.2km，每月进行 1 次测量。

5.10.5.4 整治建筑物沉降和位移监测

为监测整治建筑物状况以保证其发挥功能，开展堤身沉降和位移监测。

根据整治建筑物堤身高度、结构形式及底质分布情况，沿通州沙、白茆沙整治建筑物堤线布置 54 条监测断面，即 54 个位移观测点和 54 个沉降观测点。观测工作自仪器埋设（安放）并经率定后开始，施工期每月进行 1 次测量，交工后 1 年每季度测量 1 次。

5.10.5.5 水文水资源专项监测

工程区地涉水构建筑物较多，为掌握工程对河势、防洪、水环境等方面的影响，需要开展工程相关影响专题监测工作。

（1）河道地形测量

安排在施工期和交工后开展工程河段 1∶10 000 地形全测，测量范围上起西界港，下至南支浏河口，北支至青龙港。在施工期和交工后各实施一次。

（2）望虞河影响监测

望虞河现为引江济太工程调水河道，也是太湖主要泄河道之一。引江济太工程通过全年调度，从常熟枢纽引长江水约 25 亿 m^3。考虑本项工程可能导致该区域水沙运动变化，需开展河道地形和水文监测分析工作以及时相关变化，为有关部门的决策提供依据。

拟在福山水道抛设浮标，设立潮流、泥沙连续自动观测站，开展流速、流向、含沙量连续观测。同时，对福山水道望虞河上下游航道进行地形测量。

（3）南北支水资源管理监测

考虑本工程实施后周边区域可能出现的水质和水资源变化，需开展水环境影响观测。

拟安排在北支、白茆沙南北水道布设定点观测断面，在施工期和完工后开展潮流和盐度观测。

（4）对徐六泾水文观测断面影响的监测

根据水利部 2011 年 4 月 1 日起施行的《水文监测环境和设施保护办法》第九条规定，“在水文测站上下游各二十公里河道管理范围内，新建、改建、扩建下列工程影响水文监测的，建设单位应当采取相应措施，在征得对该水文测站有管理权限的流域管理机构或者水行政主管部门同意后方可建设”。徐六泾水文站常年观测断面位于通州沙和白茆沙整治工程之间，为分析工程对本断面观测资料，乃至资料整编方案的影响程度，需补充开展徐六泾断面 ADCP 定线比测。

监测工程量汇总见表 5–6。

监测工程量汇总 表 5–6

序　号	项　　目	单次工作量	次　数
一	水文观测（分流分沙比）	大小潮	
1	ADCP	7 条大断面	6 次
2	定点水文测验	7 条固定垂线	
3	底质取样	93 个样	
二	地形及断面测量		
1	大范围河势监测		
	500m 间距固定断面测量	1 600km	14 次
2	整治建筑物周边地形监测		
	250m 间距断面，断面长度 600m	127.2km	46 次
三	整治建筑物沉降和位移监测	54×2 点	40 次
四	专项监测		
1	望虞河影响监测（水资源管理）		
(1)	定点连续观测		4 年
(2)	局部地形测量	1∶2 000，11km^2	4 次
2	南北支水资源管理监测（潮流、温盐观测）	5 个测点	4 次
3	对徐六泾水文测站影响监测	3 条垂线	8 次

5.10.5.6 跟踪分析研究

(1) 河势跟踪分析

及时掌握和了解本河段、上下游相邻河段大范围地形及流场、泥沙场的变化情况。综合分析地形、流场及泥沙场变化情况及其与工程的相互关系，为整治效果分析提供依据。

及时掌握和了解整治建筑物附近的地形变化情况和流场变化情况，综合分析地形、流场变化情况对整治建筑物安全施工的影响，为保证施工顺利提供依据。

(2) 效果跟踪分析

根据总体河势变化，分析整治建筑物的治理效果（尤其要注意诸如通州沙上段、护岸工程等这类暂未包括在本工程范围，但又关乎工程效果甚至成败部位的变化，要有预案)，及时调整和优化总平面方案，进行数值模拟和物理模型试验研究，提出优化方案。

根据整治建筑物附近的河势变化，综合分析判断、预测趋势，并提出预警措施和建议。

对附近重要工程和周边设施进行跟踪，对明显的不利变化进行原因分析，提出能减小本工程与附近工程和设施之间相互影响的预防措施和建议。

5.10.5.7 专项跟踪分析工作

水利专项跟踪分析工作主要包括望虞河影响分析研究、南北支水资源管理分析报和徐六泾水文测站影响分析研究。

5.10.6 动态管理

5.10.6.1 项目实施阶段

(1) 组织勘察、科研、设计单位开展工程区河势、流场跟踪监测和研究工作，掌握工程建设过程中流场、泥沙场、河势总体变化和趋势。根据工程实际实施情况及施工条件的变化情况，组织设计单位开展包括优化平面布置、调整施工顺序等内容方案研究，改进和优化施工工艺和施工组织。

(2) 组织工程建设过程中建筑物周边地形的跟踪监测研究工作，及时发现可能危及整治建筑物安全的问题，如监测成果发现堤身有局部较大沉陷或余排上有异常水深变化时，应立即组织潜水探摸检查和加密水深测量。经监测和探摸确认余排或堤身已损坏，堤心石或局部堤身下排体已暴露时，应采取防护措施，确保整治建筑物的安全稳定和工程量的合理控制。

5.10.6.2 项目营运期

(1) 组织开展工程效果跟踪分析工作，综合分析研究成果和现场资料，总结工程实施效果，为后续阶段工程积累资料和工程实践经验。

(2) 继续组织开展整治建筑物周边地形开展跟踪监测研究工作，发现可能危及整治建筑物安全的问题，建立整治建筑物维护预案，保证整治建筑物安全。

(3) 配合有关部门开展运营分析，开展项目评价工作，提出下阶段工程建设建议。

5.10.7 存在问题与建议

(1) 工程区河床质以粉砂、细砂为主，易冲刷，在洪水等作用下地形变化速率快，建议根据动态管理要求，及时优化调整设计、施工方案。

(2) 本河段存在非法采砂现象，对工程区局部地形变化存在影响，有可能影响实际工程量以及工程效果。建议有关主管部门加大管理力度，制止无序采砂，保证深水航道工程的顺利实施和安全运行。

5.10.8 案例分析

长江南京以下12.5m深水航道治理一期工程位于太仓（荡茜闸）至南通（天生港区）河段，全长约56km，上承南通水道，下接浏河水道。工程区距南京市约250km，距上海市约37km，分别隶属江苏省南通市和苏州市。沿江自上而下，左岸为江苏省南通市、上海市崇明县，分布有南通港狼山港区、富民港区、江海港区、通海港区，右岸为苏州市的张家港市、常熟市与太仓市，分布有苏州港张家港港区、常熟港区和太仓港区。

在工程实施过程中，为及时准确地掌握工程方案实施引起的水流、泥沙和地形变化，正确评估工程效果，为工程动态管理和顺利实施提供科学依据，拟利用多种观测手段，在工程实施期间（3年）和交工后1年对工程河段开展现场跟踪监测水文测验。采取动态监测，分别对工程区域河势变化跟踪监测，整治建筑物周边地形测量，整治建筑物沉降和位移监测，水文水资源专项监测。监测的同时进行河势、效果、专项跟踪分析工作。

工程运用动态管理根据实际情况及时优化调整设计、施工方案，动态管理分别体现在项目实施阶段、项目运营期。具体体现在组织勘察、科研、设计单位开展工程区河势、流场跟踪监测和研究工作，掌握工程建设过程中流场、泥沙场、河势总体变化和趋势。根据工程实际实施情况及施工条件的变化情况，组织设计单位开展包括优化平面布置、调整施工顺序等内容方案研究，改进和优化施工工艺和施工组织；组织工程建设过程中建筑物周边地形的跟踪监测研究工作，及时发现可能危及整治建筑物安全的问题，如监测成果发现堤身有局部较大沉陷或余排上有异常水深变化时，应立即组织潜水探摸检查和加密水深测量。经监测和探摸确认余排或堤身已损坏，堤心石或局部堤身下排体已暴露时，应采取防护措施，确保整治建筑物的安全稳定和工程量的合理控制。组织开展工程效果跟踪分析工作，综合分析研究成果和现场资料，总结工程实施效果，为后续阶段工程积累资料和工程实践经验；继续组织开展整治建筑物周边地形开展跟踪监测研究工作，发现可能危及整治建筑物安全的问题，建立整治建筑物维护预案，保证整治建筑物安全；配合有关部门开展运营分析，开展项目评价工作，提出下阶段工程建设建议。

参 考 文 献

[1] 张金锁 . 工程项目管理学 [M]. 北京：科学出版社，2000 .

[2] 陈伟 . 项目决策阶段投资控制存在的问题及对策 [J]. 武汉理工大学学报，2004，26(3)：141.

[3] 陈伟 . 重大工程项目决策机制研究 [D]. 武汉：武汉理工大学学位，2005 .

[4]《中国工程项目管理知识体系》编委会 . 中国工程项目管理知识体系 [M]. 北京：中国建筑工业出版社，2003.

[5] 王雪荣，成虎 . 建设项目全寿命周期综合计划体系 [J]. 基建优化，2003：56.

[6] 范咀华,张绍学,杨明享 . 现代管理基本理论和方法 [M]. 成都:四川大学出版社，1996.

[7] 曾广容 . 系统论控制论信息论与哲学 [M]. 长沙：中南工业大学出版社，1988.

[8] 何海燕，王道平，李习彬 . 参与动态管理程序设计研究 [J]. 价值工程，2002.

[9] 吴志超 . 建设工程项目全寿命周期系统化管理之研究 [J]. 基建优化，2004：32.

[10] 陈光，成虎 . 建设项目全寿命期目标体系研究 [J]. 土木工程学报，2004，37(10).

[11] 张亚莉，杨乃定，杨朝君 . 项目的全寿命周期风险管理的研究 [J]. 科学管理研究，2004，22(2).

[12] 何清华，陈发标，芦勇 . 全寿命周期集成化管理模式的思想和组织 [J]. 基建优化，2001：35.

[13] 牛继源 . 可行性研究在项目建设中的作用 [J]. 科技情报开发与经济，2004，14(2)：212.

[14] 沈建明 . 项目风险管理 [M]. 北京：机械工业出版社，2003.

[15] 戚安邦 . 项目论证与评估 [M]. 北京：机械工业出版社，2003.

[16] 卜先锦 . 管理系统工程原理与应用 [M]. 北京：兵器工业出版社，2005.

[17] Johnny Allen，等 . 大型活动项目管理 [M]. 北京：机械工业出版社，2002.

[18] 周三多 . 管理学 [M]. 北京：高等教育出版社，2005.

[19] 乐嘉栋 . 建设项目投资管理 [M]. 上海：同济大学出版社，2004.

[20] 梁基照 . 工程管理学 [M]. 北京：国防工业出版社，2007.

[21] 孙绍荣 . 工程管理学 [M]. 北京：机械工业出版社，2014.

[22] 武常岐 . 中国战略管理学研究的发展述评 [J]. 南开管理评论，2010.

[23] 苏勇，刘国华 . 中国管理学发展进程 [J]. 经济管理，2009.

[24] 林曦 . 管理学的学科属性与学科定位 [J]. 管理论坛，2006.

[25] 何继善 . 论工程管理理论核心 [J]. 中国工程科学，2013.

[26] 何继善，陈晓红，洪开荣 . 论工程管理 [J]. 院士论坛，2005.

[27] 谭昆，何传金，周生利 . 动态管理在长江航道整治工程中的应用 [J]. 水运工程，2012.

[28] 李学光 . 动态管理在航道整治工程中的应用 [J]. 中国水运，2014.

[29] 中国海外集团有限公司 . 工程动态管理系统 [J]. 施工企业管理，2005.

[30] Project Management Institute .A Guide To The Project Managemment Body Of Knowledge（PMBOK）.PMI，2000.

[31] Thorpe David S. A life cycle model for asset investment decision making. Proceedings of the International Conference on Applications of Advanced Technologies in Transportation Engineering，2002：576–583.

[32] Hanna Awad S，Schmitt Robert L，Stetzer Kurt M，Use of tabular knowledge base in construction decision–making，ASCE Construction Congress Proceedings，Managing Engineered Construction in Expanding Global Markets，1997：988–995.

[33] Kuprenas，John A. Project Management Actions to Improve Design Phase Cost Performance [J]. Journal of management in engineering. 2003，19(1)：25–32.

[34] Deelstra Ytsen, Nooteboom Sibout G，Kohlmann H. Ralph，Van Den Berg Job，Innanen Sally. Using knowledge for decision–making purposes in the context of large projects in The Netherlands，Environmental Impact Assessment Review，v23，n5，August，2003. 517–541.

[35] Zgurowsky Mikhail Z，Kovalenko，Igor I，Kondrak Kuteiba，Kondrak Elias，Expert systems in project management，Journal of Automation and Information Sciences，v33，n1，2001：81–87.

[36] Chen Wei，The Research on the Evaluation of the Large Scale Construction Project Decision –Making Mechanism，Proceedings of 2005 International Conference on Innovation & Managemen，2006，12，volume II，1373.

索 引